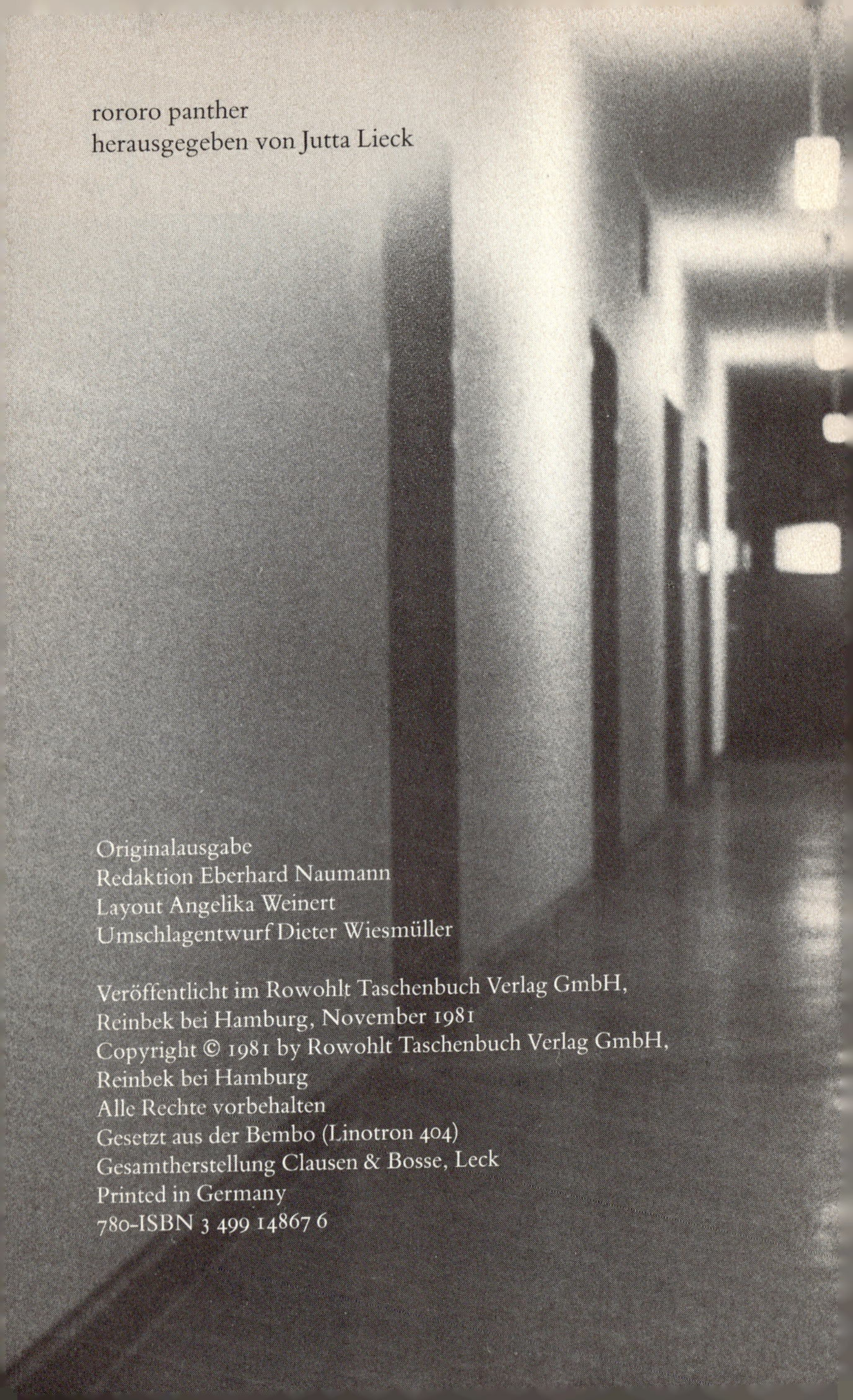

rororo panther
herausgegeben von Jutta Lieck

Originalausgabe
Redaktion Eberhard Naumann
Layout Angelika Weinert
Umschlagentwurf Dieter Wiesmüller

Veröffentlicht im Rowohlt Taschenbuch Verlag GmbH,
Reinbek bei Hamburg, November 1981

Gesetzt aus der Bembo (Linotron 404)
Gesamtherstellung Clausen & Bosse, Leck
Printed in Germany
780-ISBN 3 499 14867 6

Dieter Bongartz
Alexander Goeb

IRRWEGE

Ein Psychiatrie-Buch

Gedichte von Udo Wanger
Zeichnungen von Peter Maurmann
Fotos von Günter Westphal

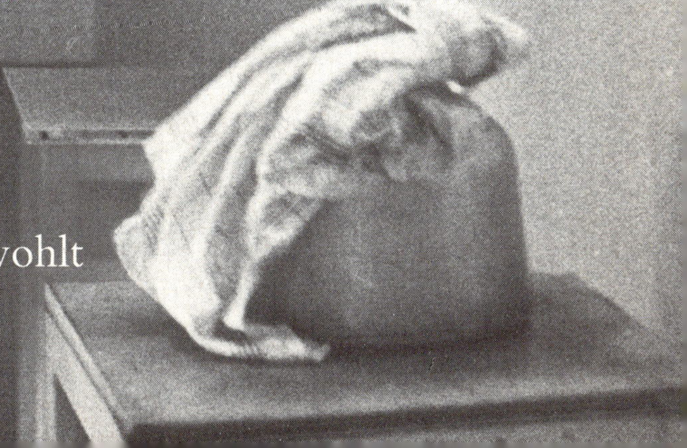

rororo
Rowohlt

Dieter Bongartz, geb. 1951, lebt in Köln. «Früher hab ich mir gewünscht, Texte und Bücher zu machen, dann kam aber erst mal das Abitur, Bundeswehr, Studium: Germanistik und Pädagogik. Nach dem Studium hab ich in einem Forschungsprojekt gearbeitet und parallel dazu angefangen, Kritiken zu Filmen, Kinder- und Jugendbücher zu schreiben. Inzwischen ist das Schreiben mein Hauptberuf geworden.»

Alexander Goeb, geb. 1940. «Ich wollte schon immer Journalist werden, aber das war gar nicht so einfach: ohne Schulabschluß, zweimal sitzengeblieben. Also hab ich erst mal eine kaufmännische Lehre in einem Zeitungsverlag gemacht. Die Redaktion war auf der gleichen Etage. Nach und nach hab ich meine ersten Artikel geschrieben. Von da ab ging es unaufhaltsam auf und ab: Arbeit als Hilfsarbeiter, Werbetexter, Journalist.» Heute Redakteur bei der «Deutschen Volkszeitung», lebt in Köln.

Nach «Das Drogenbuch», rororo panther 4690, legen die Autoren hiermit ihr zweites gemeinsames Buch innerhalb der panther-Reihe vor.

Inhalt

Es ist uns angenehm, uns bei denen zu bedanken, die uns bei den Arbeiten an diesem Buch zum Teil erheblich geholfen haben: Bei Hedwig und Werner, die eigentlich anders heißen. Wir haben uns über ihre Offenheit und Mühe gefreut, uns ihr Leben zu erzählen. Bei Klaus Pramann, bei Dr. Alexander Veltin, Dr. Elmar Spanken, Hans Effer, Eckhard Kleinlützum und Franz van Lier vom LKH Mönchengladbach-Rheydt, bei Uli Raupp vom LKH Bedburg-Hau, Dr. Edda Forssmann von der Tagesklinik Alteburger Straße in Köln, bei Gundi Goeb-Nuding vom Dreikönigenhaus in Köln-Mülheim, Gunda Magis vom Beschwerdezentrum Bonn, bei Hans-Günther Schlott vom «Ausblick» und Günter Westphal, bei der «Kommission für Verstöße der Psychiatrie gegen Menschenrechte e. V.» in München sowie Andrea, die auch anders heißt, über ihre Mutter erzählte und als Krankenschwester in der Psychiatrie arbeitet.
Wichtige Tips bei der Manuskripterstellung stammen von Marita, Ulla, Dodo, Norbert und Ingrid.

Hier will uns jemand nicht antworten ...

Der Mann war um die 50 Jahre alt, und als wir die Treppe zu seiner Wohnung heraufkamen, musterte er uns mißtrauisch. Wir hatten ein Interview mit ihm ausgemacht und wollten über seine Arbeit reden. Über seine Arbeit als Pfleger in der psychiatrischen Abteilung eines Universitätskrankenhauses. Doch das Interview wollte nicht in Gang kommen. Unsere Fragen waren ihm zu dumm: wir fragten nach seinem Verhältnis zu den Patienten, nach guten und nach schlechten Ergebnissen der Arbeit, nach den Bedingungen, unter denen diese Arbeit vor sich geht, welche Schwierigkeiten sie hat, welche Dinge man lernt. Wir dachten: Eigentlich sind das keine dummen Fragen, die wir stellen. Und wahrscheinlich dachte das der Mann auch. Aber wir merkten immer deutlicher: Hier will uns jemand nicht antworten.

Was wir als Laien uns einbilden würden, ein Buch über die Psychiatrie zu schreiben. Dazu brauchte man doch lange Arbeitserfahrungen, sagte er. Er hatte Angst, zu antworten. Zu viele Vorwürfe werden von denen draußen gegen die erhoben, die drinnen arbeiten, die sich meist persönlich angegriffen fühlen, wenn gegen Mißstände zu Felde gezogen wird, die sicher nicht alle auf ihr Konto gehen.

Und wir konnten ihm nicht klarmachen, daß es uns nicht darum ging, pauschal Menschen abzuurteilen. Daß es uns darum ging, einen Vorgang zu verstehen, der in aller Stille seit Jahren, Jahrzehnten, seit fast zwei Jahrhunderten in unserem Land und in allen anderen «zivilisierten» Ländern vor sich geht: Die Ausgrenzung der psychisch Leidenden, das Abschieben der Irren, die Fehlbehandlungen und Quälereien, die Angst der Betroffenen, ihre Ausweglosigkeit. Daß wir verstehen wollten und lernen, wie das zu ändern ist, welche Ursachen psychische Störungen haben, wie ihnen besser zu begegnen ist als mit Medikamenten und Foltermethoden.

Wir waren sauer auf ihn und bedauerten, daß einer unserer Versuche, mehr Licht in die Sache zu bringen, gescheitert war.

Danach haben wir andere Wege beschritten, erfolgreichere. Wir haben immer versucht, auch uns selbst dabei einzubringen. Denn ohne unsere Betroffenheit hätten wir keinen Grund gesehen, dieses Buch zu schreiben.

Sandra ist irre – ich bin normal

Sandra

Sie rief an aus Bonn, bat um Besuch, Zigaretten, Geld und Zuwendung, blieb fast ungehört. Später kam sie mit einem weißen Turban aus Verbandszeug, hatte sich zuvor selbst angezündet, stand nun auf einmal doch vor meiner, vor unserer Tür, eine Zigarette in der Hand und wollte bleiben, baden und essen. Angeblich hatte sie Ausgang. Und blieb (ganz wenig), badete (in Ruhe) und aß (seit Tagen zum erstenmal genug). Und da hatten wir dann auch schon angerufen und gefragt, was zu tun sei.
Wir brachten sie zurück. Gegen ihren Willen. Wochen später begegnete sie uns auf einer Demonstration. Wir gaben ihr unsere neue Nummer zum Anrufen. Sie war kaum durcheinander, ruhig, gelassen. Und rief an, nur ein paar Tage danach.
«Ich muß hier raus», sagte sie.
«Sicher», sagte ich, «aber was dann?»
Ich versprach ihr, zurückzurufen und mich zu kümmern. Das Versprechen blieb leer.

Sandra war 16, hübsch, sehr hübsch, braune Augen, schwarze, in der Mitte gescheitelte Haare. Im Heim aufgewachsen, begegnete sie mir das erste Mal bei Freunden, denen sie im Haushalt half. Dann kam Sandra mal für eine Woche zu Besuch in unsere Wohngemeinschaft. Hörte den ganzen Tag Platten (enorm laut), hatte Ferien, viel Zeit und ging uns auf die Nerven, weil wir's eilig hatten. Dann war sie auf einmal weg vom Fenster: Geschlossene Abteilung des psychiatrischen Landeskrankenhauses (LKH).
Wir dachten: Bestimmt hat das was mit Drogen zu tun. Weil sie im «Maddox» verkehrte und da wurde halt gedealt. Dann fielen uns ein paar Sachen ein, über die wir nicht weiter nachgedacht hatten. Sie hatte von ihrem Freund erzählt, der in ihrem Herzen sei. Mit dem sie immer reden würde. Und die Ärzte jetzt im LKH sagten, sie spräche mit 30 Personen gleichzeitig, die sie alle in sich habe.

Schlimm, dachten wir, sie ist verrückt geworden. Arme Sandra. Aber da können wir wohl nichts machen.
Später fiel uns mehr ein: daß Sandra immer herumgeflippt war zwischen den verschiedensten Leuten und dabei immer eins suchte, was sie nicht hatte – ein Zuhause. Sie fand es nicht. Und so entdeckten wir unseren Anteil an ihrer Situation. Sicher nichts Entscheidendes, beruhigten wir uns, wir sind da ja nicht allmächtig.
Dann gab es sporadische Kontakte, wenn sie uns besuchte oder mal wieder aus der geschlossenen Abteilung ausgebrochen war. Ihr Zustand wechselte. Meist war sie traurig. Kein Lachen. Leere. Aber es war schlimmer als eine normale Traurigkeit. Wenn wir sie fragten, sagte sie immer: «Es geht mir gut, danke.» Eine Standardformel, wie bei der wöchentlichen Visite. Wir fragten nicht weiter nach. Wir hatten Sandra weggetan in eine Schublade: «Zur Zeit zu viel», stand darauf. Wir fühlten uns überfordert von der irren Sandra. Wir waren hilflos, wie wir ihr begegnen konnten. Wir dachten: Das kostet uns zu viel Kraft, zu viel Zeit, zu viel Zuwendung.
Und wir beruhigten uns: Besser aufgehoben ist sie da, wo Leute mit ihr umgehen, die das gelernt haben.
Wir standen resigniert vor unseren Ansprüchen. Denn eigentlich wollten wir ja helfen; eigentlich wollten wir uns von Sandra nicht trennen; eigentlich wollten wir sie nicht aussperren in die Orte außerhalb, die Orte, in denen – das wußten wir – den psychisch Kranken oft nur sehr wenig geholfen wird. Wir mußten irgendwas falsch gemacht haben, daß wir uns vor einen derartigen Scherbenhaufen manövriert hatten. Was mochte das sein?

Vielleicht war alles schon vom Ansatz her versaut worden. Denn schon als sie zu uns kam und «nur» das arme Heimkind war, Vater unbekannt, von der Mutter nie gewollt, hatten wir sie nicht richtig angenommen. Zwar stellten wir ihr ein Zimmer zur Verfügung, aber von vornherein war eigentlich keiner von uns bereit, sich ihr so zu nähern, wie sie es vielleicht gebraucht hätte: freundschaftlich und gleichrangig.
Wir behandelten sie letztlich von oben herab. Wir waren die starken, sich fähig fühlenden Mitmenschen mit den sozialen Ansprü-

chen, die einem armen kleinen Mädchen ihre hilfreichen Hände hinunterreichten. Sie wäre nicht Sandra gewesen, hätte sie das nicht bemerkt. Wahrscheinlich wäre es unter diesen Umständen besser gewesen, sie gar nicht aufzunehmen. Denn so brachten wir sie dazu, uns für etwas zu Dank verpflichtet zu sein, was sie gar nicht verlangt hatte: sie suchte ja eigentlich am wenigsten eine Bleibe. Die hatte sie auch in dem Heim, in dem sie lebte. Auch dort bekam sie zu essen, auch dort konnte sie Platten hören. Eigentlich suchte sie ja etwas ganz anderes als nur ein Dach über dem Kopf – sie suchte Menschen, denen sie etwas bedeutete und die ihr etwas bedeuteten.

Gerade das aber waren wir nicht bereit, ihr zu geben. Wir wollten uns nicht wirklich auf sie einlassen, weil wir Angst hatten, aus einer solchen Bindung nicht mehr herauszukommen; Angst, sie wie eine Klette am Hals zu haben.

So wurden wir Opfer unserer Voreingenommenheit. Denn wir konnten uns nicht vorstellen, daß wir mit ihr so etwas wie eine gleichrangige, für beide Seiten positive Beziehung eingehen könnten. Eine Beziehung, in der man auch jemand sagen kann, daß man keine Zeit hat oder daß man ebenso ratlos vor einem Problem steht wie der Betreffende selbst.

Ob das überhaupt möglich war mit der sechzehnjährigen Sandra? Diese Frage zogen wir erst gar nicht ernsthaft in Erwägung. In unserem Kopf liefen Filme ab, die solche Überlegungen zensierten. Ein Heimkind, dachten wir, das ist jemand, der immer zu wenig bekommen hat und einen deswegen aussaugt wie ein Blutegel, wenn man mehr als den kleinen Finger reicht.

Um so bedrohlicher wirkte die Situation auf uns, als Sandra dann aus dem LKH zu uns floh. Am liebsten hätten wir sie uns gar nicht richtig angeguckt. Körperlich war sie mehr als heruntergekommen. Sie zitterte, stand wackelig auf ihren Beinen, war dürr und ausgehungert; Leere im Blick, auf dem Kopf der riesige weiße Verband, durch den ein paar Blutflecken gedrungen waren.

Nach dem ersten Schreck waren wir richtig froh, als sie ins Badezimmer abdampfte und wir sie nicht weiter angucken mußten. So konnten wir ohne sie überlegen, was für sie am besten sei.

Weniger denn je waren wir bereit, sie anzunehmen. Zu sagen: «Mensch, erzähl mal. Ja, das können wir gut verstehen, daß du da abhaust. Da könnten wir auch nicht leben.» Zu fragen: «Und geht es dir immer so oder noch schlechter, oder ist es manchmal auch besser?»

Zu suchen: wo ist Sandra im Moment krank und wo ist sie gesund? Auf diese Weise wenigstens annähernd ein realistisches Bild von ihrem Zustand zu bekommen, sie ganz wahrzunehmen und nicht nur die kranke Sandra, sich ihr so ein bißchen zu nähern und sie aus der Isolation herauszuholen, die ja schließlich einiges zu ihrer Krankheit beigetragen hatte.

Statt dessen überredeten wir sie, zurückzugehen.

Hörten von Verschlechterungen ihres Zustandes. Von weiteren Ausbrüchen und Kaufhausdiebstählen. Von einer Tabletten- und Spritzenbehandlung, die ihr fast das Bewußtsein ihrer selbst raubte. Vom Elend eines Patienten im Räderwerk der Psychiatrie.

Und konnten kaum über die Aufgaben, die Sandra uns da stellte, reden oder wenigstens aus den Fehlern lernen.

Verbannungen

Wir haben Sandra aus unserem Leben verbannt. Ohne böse Absicht zwar, aber dafür konnte sie sich nichts kaufen. Ausgrenzung nennt man diesen Vorgang. Er hat viele Gesichter und Facetten. Er betrifft nicht nur den Irren selbst. Meist wird seine Familie gleich mit isoliert. Daß sich dadurch die Situation in der isolierten Familie auch für den psychisch Leidenden verschärft, liegt auf der Hand. Daß die Familie dann ihren Irren isoliert, vielleicht Aggressionen an ihm ausläßt oder sich überfordert fühlt durch seine Pflegeanforderungen ist ebenso einleuchtend.

Ausgrenzung passiert tagtäglich. Mit allen Außenseitern. Nicht nur mit Irren. Bei denen passiert es nur leichter, weil den Menschen das Irre unheimlich ist.

Der Doktor: «Der Mensch hat offenbar eine natürliche Angst und Furcht vor der Tatsache, daß ihn selbst einmal das Schicksal treffen könnte, irre zu werden. Das wehrt er ab, und da versucht er, sich abzuwenden. Das ist ja auch schwer vorstellbar: man könnte einmal nicht mehr man selbst sein. Und das tritt einem ja entgegen – die Möglichkeit, nicht mehr bei sich zu sein. Nicht mehr so urteilen zu können, wie man bisher geurteilt hat.»

Eine Facette der Ausgrenzung ist die Abgrenzung. Wir sagen nicht nur: «Den will ich nicht, der soll weg aus meinem Gesichtskreis», sondern auch: «Der ist ja ganz anders, minderwertiger als ich.» Darum denkt auch jeder bei Irren gleich an Leute, die toben und schwachsinnig sind; Leute, die auf einem anderen Ufer stehen, zu dem keine Brücken führen.
Das gibt uns den notwendigen Rahmen mit genügend Schwarz-Weiß (Irre-Normal), in dem dann jeder erkennen kann, was was ist, selbst wenn seine Augen schlecht sind. Grautöne, Differenzierungen passen natürlich schlecht in ein solches Bild, ebensowenig wie die Tatsache, daß die sichtbaren Auswirkungen dieses psychischen Leids zumeist viel weniger spektakulär ablaufen, als wir uns weismachen wollen. Und die auslösenden Situationen, die diese unerwünschten Reaktionen hervorrufen, übersehen wir am liebsten gleich ganz und gar.
Das Praktische an diesem Vorurteil: Irre sind dann Menschen zweiter Klasse, an denen nur das Kranke bemerkt wird, das, was sie von uns unterscheidet und nicht, was sie mit uns verbindet.

Stimmen von jedermann: «Der ist ja bekloppt!», «Du Spasti», «Ab in die Klapse», «Das sind für mich keine Menschen», «... und auf Kosten der Gemeinschaft leben die ein gemütliches Leben.», «Die haben ja andauernd einen Ständer.», «Der hat mich so angeglotzt, furchtbar, sage ich dir.», «Der wollte mir doch glatt die Hand geben.»

Menschen zweiter Klasse kann man auch schon mal treten. Die wehren sich ja nicht richtig. Wenn man selbst getreten oder enttäuscht wurde, gibt man seine Schmerzen an sie weiter.

«Londoner Bürger des 18. Jahrhunderts konnten sich ein bezeichnendes Sonntagsvergnügen leisten: gegen niedrige Eintrittsgebühr durften sie in den ‹Tollhäusern› (oder ‹Narrenspitälern›) die dort meist angeketteten Geisteskranken nach eigenem Ermessen prügeln.» (H. J. Gamm, 1974, S. 80)

Wir leben nicht mehr im 18. Jahrhundert, aber heute gibt es andere Peitschen. Nicht nur die Medikamente und chemischen Sachen, die Elektroschocks, nein, auch das Weihnachtsfest und die Lotterie können dazu gehören: einmal im Jahr den armen Irren (oder Behinderten) ein Scherflein geben – aus Mitleid –, das gibt einem fürs ganze Jahr tausendfache Überlegenheit. Und der Empfänger dieser milden Gabe wird dadurch genauso erniedrigt wie durch die Peitschenhiebe der Londoner Biedermänner.
Wir merken: Irresein hat etwas mit Macht zu tun. Insbesondere mit der Macht derer, die bestimmen, was irre und was normal ist.

Die Sozialarbeiterin: «Wir hatten einmal eine Frau hier, die immer riesige Feiern veranstaltet hat. Sie selbst gab als ‹Gräfin Oppenheim› Soupés, lud den gesamten europäischen Hochadel ein, schmückte sich mit Seidentuch, Lackschuhen, Strümpfen mit Naht und großen Hüten.
Die Sache hatte nur einen Haken: Gräfin Oppenheim hieß in Wirklichkeit Anneliese R., und sie war auch keine Fürstin. Geld hatte sie ebenfalls nicht, um all die teuren Sachen zu bezahlen. Dafür wurden ihre Schulden immer größer. Sie wurde dann in ein LKH gebracht. Diagnose: manische[1] Psychose.»[2]

Man könnte fragen: Was ist denn nun das Irre an der ‹Gräfin›? Daß sie Feste gab? Daß keiner kam? Oder daß sie kein Geld hatte, um zu bezahlen?

1 Manie – hektisch–betriebsamer, hochgestimmter Zustand mit fast unkritischem und unbegrenztem Selbtsvertrauen. Der Maniker ist die Umkehrung des Depressiven.
2 Psychose – in der traditionellen Psychiatrie eine Geisteskrankheit, die die ganze Person erfaßt.

Man könnte das fragen, wenn man sieht, wie gewisse Leute das Geld zum Fenster hinauswerfen und in der Regenbogenpresse anerkennend von Snobismus und Exzentrik gesprochen wird; wie diese Leute durch Finanzspekulationen Schuldenberge machen, gegen die unsere ‹Gräfin› nicht ansatzweise anstinken könnte, und man sagt ihnen einfach «Pech» nach; wie sie in aller Öffentlichkeit von ihren Stimmungen berichten und scheinbar unmotiviert losheulen und gewisse Zeitungen entdecken darin Sensibilität und Idiosynkrasie (Überempfindlichkeit).

Wenn Sandra klaut und zärtlich mit ihrem Freund in ihrem Herzen spricht, dann werden der Arzt und der Krankenwagen geholt. So mit zweierlei Maß kann nur messen, wer Macht hat oder sich mächtig fühlt oder nur die vorherrschenden Normen für ‹normal› anerkennt. Irre sind keine Mächtigen. Sie stehen am unteren Ende der Rangskala in ihrer Familie, am Arbeitsplatz, in der Gesellschaft überhaupt. Sie werden am schlechtesten bewertet:
10 Jahre LKH für einen, der nicht mehr arbeiten wollte!
Zweimal sechs Wochen für eine 14jährige Stricherin!
Drei Jahre für den mißglückten Autodiebstahl eines Selbstmörders!
Ihre Bestrafung gilt weniger den Irren persönlich. Sie dient als Abschreckung für die Normalen. Jeder soll erkennen: Wer abweicht vom Normalen, der wird eingesperrt.
Das war schon immer so:
«Drapetomanie» war das «Irresein», das man den Schwarzen andichtete, wenn sie aus der Sklaverei wegliefen! Damals, im 19. Jahrhundert, sprach man auch vom «Masturbationsirresein», dem «Schwachsinn des Weibes», dem «geborenen Verbrecher». «Müßiggang, Lüsternheit, in sich gekehrte Sexualität, Laster» ... sind beim italienischen Kriminologen Lombroso allesamt Kategorien des «Irreseins».

Das gibt es auch heute noch: «John F. Kennedy wurde von einem Irren getötet, Lee Harvey Oswald, der vorübergehend dem paranoiden Kubaner Fidel Castro Treue gelobt hatte. Oswald seiner-

seits wurde zwei Tage später von einem anderen Verrückten, Jack Ruby, getötet.» (Th. H. White, 1965)
Frage: Wieviel Verrückte gibt's in diesen zwei Sätzen? Wer ist noch normal?

Für irre und krank erklärt werden in unserem Land Jahr für Jahr Tausende von Menschen. Diese dann einzusperren, ist in einer Gesellschaft, die auf Vereinzelung aufbaut (für viele gerade ein Grund, «irre» zu werden), sicher leichter, als Fragen zu stellen; sich in Frage zu stellen. Viele von denen, die eingesperrt werden, gehören nicht dahin, wo sie sind. Sie sind dort, damit sie die trügerische Ruhe der Normalität draußen nicht stören. Damit sich niemand von ihnen belästigt fühlt. Damit kein Normaler Angst zu haben braucht, selbst irre zu werden. Damit jeder sich bemüht, hübsch normal zu bleiben, auf daß er nicht dorthin kommt, wo die Irren sind.
Jetzt könnte man natürlich fragen: «Aber ist denn überhaupt nichts dran am Irresein, gibt es überhaupt keine Irren? Ist das alles nur ein Wahn der Normalen?»

Der Doktor: «Man kann natürlich nicht davon absehen, daß es Menschen gibt, die sich in der Tat gestört verhalten, die auffällig sind, mit denen in der Tat der Umgang sehr schwierig ist bzw. mit denen der Umgang in einer normalen menschlichen Situation einfach unmöglich ist.»

Diagnosen

Das Problem ist nur: wie die Irren identifizieren? Eine Möglichkeit, die häufigste übrigens, ist die ärztliche Diagnose. Eine nicht unproblematische Möglichkeit.

«Jemanden unbefangen, vorurteilslos und objektiv als geisteskrank zu beurteilen ist praktisch unmöglich.»
«Es ist unmöglich, die Existenz eines spezifischen Problems des Wahnsinns zu ignorieren oder zu übergehen.»
Beide Aussagen stammen von dem italienischen Psychiater Jervis. Ist Jervis selbst verrückt?

Der amerikanische Forscher Rosenhan machte folgenden Versuch: Er schickte gesunde Menschen in psychiatrische Kliniken. Seine Testpersonen sollten die Aufnahmefragen der Ärzte wahrheitsgemäß beantworten, d. h. sie sollten nicht simulieren, sie seien psychisch krank.
Ergebnis: *alle* Testpersonen wurden in den Kliniken als Kranke diagnostiziert und einbehalten. (Sie hatten zum Teil sogar erhebliche Mühe, wieder aus den Klapsmühlen herauszukommen.)
Rosenhan startete den zweiten Teil seines Experiments und kündigte einer Klinik an, er werde in dem und dem Zeitraum «getürkte» Patienten schicken. Die Klinik paßte auf und «enttarnte» 41 von 193 neuangekommenen Patienten als Simulanten. Die Sache hatte einen Haken: Rosenhan schickte in dem fraglichen Zeitraum *keine einzige* Testperson in die Klinik. Es waren also 41 «echte» Patienten, die wieder nach Hause geschickt wurden.
Da läßt sich mit Fug und Recht fragen: «Worauf basiert eine solche Einweisungspraxis, die einem Außenstehenden nur als Willkür erscheinen kann?»
Antwort: «Im wesentlichen auf einer Systematik und Beschreibung der Geisteskrankheiten, die zwischen 1900 und 1920 von dem deutschen Arzt und Psychiater Kraepelin entwickelt wurde.»
Frage: «Was ist von dieser Diagnostik zu halten?»
Antwort: «Nicht viel bzw. nichts bzw. fast nichts.»

Im einzelnen: Kraepelin ging davon aus, daß die psychischen Störungen immer Folge eines körperlichen Schadens seien. Dies konnte er allerdings nie nachweisen. Schon in diesem Ansatz liegt Gefahr für mancherlei Spekulation. Hinzu kommt: Kraepelin war so etwas wie ein «Bismarck»-Forscher, d. h. er identifizierte sich voll

mit den herrschenden gesellschaftlichen Normen und Werten des deutschen Imperialismus nach 1890. Und dem galt nur derjenige etwas, der vollwertig und kaisertreu rackerte und schaffte. Die gesellschaftlich «unnützen» und «minderwertigen» Geisteskranken galten so gut wie nichts, waren Objekte, die allenfalls den «Normalen» zur Abschreckung vorgehalten wurden.
Kraepelin teilte seine «Irren» in einige Hauptgruppen ein, in denen jeweils typische Vertreter angesiedelt waren. Die wichtigsten seiner typischen Irren waren: der Schizophrene, der Manisch-Depressive, der Psychopath und der Neurastheniker bzw. Nervöse. Diese Grundbegriffe bilden noch heute – so der Psychiater Klaus Dörner – die Basis des psychiatrischen Alltags. Hinzu kamen bei Kraepelin «Abweichler» wie z. B. der Homosexuelle. Was in der allgemeinen Typologie noch verhältnismäßig wertfrei und wissenschaftlich klingt, wird in der konkreten Beschreibung eher diffamierend und erniedrigend. Da ist z. B. die Rede von «konstitutionell Minderwertigen», von «erblich Invaliden», «Willensschwachen», «Erregbaren», «Verschrobenen», «Lügnern und Schwindlern», «Gesellschaftsfeinden und Antisozialen» ... und insbesondere diese letzteren hatten es dem guten Kraepelin angetan.

Originalton Kraepelin: «Antisoziale fallen schon dadurch auf, daß sie in der Schule ‹schamlos› onanieren. Sie genügen nicht den ‹sittlichen Anforderungen der menschlichen Gesellschaft›, haben ‹fast immer eine starke Abneigung gegen regelmäßige Arbeit›, müssen ‹zu allem getrieben werden› und vor allem das ‹Gefühl der Unterordnung› ist ihnen total fremd!»
Sie sind echte Antitypen des angepaßten Bürgers und nicht nur krank, sondern sogar eine Bedrohung – für Wirtschaft und Staat! (Wie die Nazis eine solche «wissenschaftliche» Grundlage ausbauten und benutzten, dazu steht noch einiges im Kapitel über den Holocaust.)

Warum in solcher Weise gegen die Irren vom Leder gezogen wird, das haben wir eingangs schon behandelt. Kraepelin lieferte dafür eine «wissenschaftliche» Begründung. Wir möchten hier nur fra-

gen: «Nützen diese Diagnosemöglichkeiten, die er anbietet, den Ärzten eigentlich? Geben sie ihnen wenigstens Orientierungspunkte für die Arbeit mit und an den psychisch Leidenden oder schaden sie ihnen nur und vor allem den Patienten?»
Das ist keine Scheinfrage, denn die Kraepelinschen «Paradigma» (so nennt man seine Diagnosekategorien) sind in aller Welt immer noch die verbreitetsten Hilfsmittel und Anhaltspunkte, psychisch Kranke zu diagnostizieren.

Fakten: Zigler und Philips haben in einer US-amerikanischen Untersuchung 793 Krankengeschichten verglichen. Dabei stellten sie fest:

daß bestimmte Symptome häufig auch bei Diagnosen auftraten, für die sie eigentlich nicht «vorgesehen» sind;
daß Patienten oft eine Diagnose verpaßt bekommen, ohne die dazugehörigen Symptome zu haben;
daß bestimmte Symptome, die wichtig für bestimmte Diagnosen waren, wenig häufig auftraten, manchmal nicht häufiger als bei Leuten, die als gesund bezeichnet werden;
daß last not least die Symptome sich in großem Ausmaß überlappen, ein Symptom also auf mehrere «Krankheiten» deuten kann.

Der bundesdeutsche Psychiater Dörner sagt dazu, die psychiatrische Diagnostik nach Kraepelin sei fragwürdig. «Die gesamte Forschung, die auf den Fiktionen der psychiatrischen Diagnostik basiert, ist entweder überflüssig oder in ihrem Aussagewert erheblich eingeschränkt.» (Dörner, 1975, S. 141)
Da verwundert es nicht, wenn Rosenhan mit seinem Experiment solche Volltreffer ins Herz der gängigen Psychiatrie landen konnte. Trotz alledem herrscht diese Diagnostik weiterhin vor. Sandra z. B. bekam die Diagnose «endogene Psychose», was einer witzigen Bemerkung des Psychiaters Finzen zufolge, so viel wie «Nichtwissen seitens des Arztes» bedeutet.
Viele Patienten jedoch nehmen sich die Diagnosen zu Herzen, meinen die Symptome bei sich zu erkennen und verhalten sich danach.

(Auf diese Weise wird die Diagnose so etwas wie eine sich selbsterfüllende Prophezeiung.) Woher mag das kommen?

Der Doktor: «Ich hatte mal einen Abteilungsarzt, der dachte bei Psychose nur an Psychopharmaka[1], alles andere sei nur Humanitätsgedudel. Ihm fielen zu einer Psychose eben nur Psychopharmaka ein. Da konnte er seiner Ansicht nach gar nichts falsch machen.
Hier scheint der wesentliche Grund für die Beibehaltung der Kraepelinschen Diagnostik zu liegen: bei dem wenigen Wissen, das über die psychischen Störungen vorliegt, gibt sie den behandelnden Ärzten scheinbar Sicherheit, bietet Schubladen an, in die die psychisch Leidenden gesteckt werden können. Etikettierung nennt man diesen Vorgang.
Dabei haben wir nichts dagegen, wenn zur Orientierung und Verständigung und weil nichts Besseres zur Verfügung steht, bestimmte Begriffe verwendet werden (Manie, Depression, Neurose, Psychose, Schizophrenie usw.). Das ist auch bei denjenigen Psychiatern gängige Praxis, die Kraepelin und Co. ablehnen.
Was uns wesentlicher ist und was auf jeden Fall vermieden werden muß ist folgendes: Es darf der Psychiatrie und auch uns selbst nicht darum gehen, psychisch Leidende wie Nippesfigürchen in ein Krankheitssystem einzubauen. Noch weniger darf es darum gehen, jemanden mit einer Diagnose zu deprimieren, zu isolieren, so daß er noch mehr gestört wird, als er ohnehin glaubt, gestört zu sein. Es gilt vielmehr die Situation zu erkennen, die sich in einem psychischen Leiden Ausdruck verschafft, anstatt sie unter einem Etikett zu verbergen. Wichtig erscheint uns, daß der, der glaubt, nicht zurechtzukommen, erst einmal erkennt, *was* er tut und *wie* er es tut. Vielleicht auch, *warum* er es tut und *wem* es nützt bzw. schadet.

Kein Kästchen, kein System, keine allgemeine Ordnung kann ihm dabei helfen – soweit all das nur von außen kommt. Der psychisch

1 Psychopharmaka – Medikamente, chemische Substanzen, die die psychische Lage der Person, die sie einnimmt, verändern (hin zu Ruhe oder Bewegungsbedürfnis, zur Freude . . .)

Leidende muß sein eigenes Lebenssystem finden (wie jeder andere Mensch auch) und die Störungen in *seiner* Ordnung. Der Psychiater kann und muß ihm dabei helfen. Und auch ich kann und muß ihn dabei unterstützen, wenn ich ihm helfen will. In den meisten Fällen allerdings am wenigsten mit einer Diagnose à la Kraepelin.

Hedwig, die uns ihre Lebensgeschichte im 2. Kapitel erzählen wird: «Was da in all den Jahren diagnostiziert wurde, das weiß ich auch nicht. Die konfusesten Sachen, wirklich die konfusesten Sachen. Die einzelnen speziellen Geisteskrankheiten sind sie mit mir durchgegangen. Sie meinen, ich hätte 'nen geistigen Schaden – müssen sie selbst wissen. Ich hab das Gefühl, ich hab den nicht. Ich kriege sehr, sehr viel mit.»

Was ist normal?

Damit sind wir am Kern der ganzen Ausgrenzerei von Irren angelangt, sei das nun die Ausgrenzung durch Vorurteile, durch «wissenschaftliche» Aburteilungen oder sonst was. Drehen wir den Spieß doch einfach um und stellen uns die Frage: Was ist normal?

Ich stelle mir z. B. vor, wie ich manchmal auf dem Sprung bin, launig, unentschieden, ruhe- und ziellos. Nach den gängigen Kriterien müßte ich eigentlich immer stabil und schwankungslos durchs Leben gehen, immer auf der Suche nach Erfolg, dem Gesundheits- und Jugendideal verpflichtet. Topfit. Das Mädchen fürs Leben seit ehedem im Blick. (Eine Jungfrau, mit der ich in der Ehe dann in immer gleicher Stellung nur so lange diese Dinge machen würde, bis wir zwei Kinder – einen Sohn [älter] und ein Mädchen [jünger] – haben ...) Gipfel der Perversion, was ich mir da vorstelle! Und doch setzt es sich zusammen aus dem, was mir meine Eltern, die Kirche und die Lehrer an Normalem vorsetzten, woran ich mich also hätte ausrichten sollen.

Am Normalen und dessen Normen mich zu orientieren, das würde oft für mich bedeuten, mich selbst davon abzuhalten, so zu sein, wie ich bin, mit meinen ganz speziellen Macken und Träumen und Wünschen, dann Schmerz und dann Freude zu zeigen, wenn mir danach zumute ist.
Denn was gilt nicht alles als normal? Unbegrenztes Leistungsstreben, Konkurrenz zu den Mitmenschen, Betonhochhäuser... Normal ist, daß sich die Menschen behandeln wie Waren (nach ihrem gesellschaftlichen Wert), daß sie sich nicht gegenseitig mit Sympathie, sondern mit Mißtrauen begegnen, daß sie sich ständig vormachen, sie seien alle miteinander fit und gesund. Normen oder Richtlinien anzuwenden, um danach Dinge einzuordnen, zu bestimmen: das ist sicher normal. Doch solche Normen auch auf Menschen anzuwenden: das ist sicher verrückt!

Der Doktor: «Eine unserer jungen Patientinnen, die hat – ich weiß nicht, ob das fachlich richtig ist – einen ganz starken sexuellen Beziehungswahn. Sie ist in einer ganz, ganz strengen katholischen Einrichtung aufgezogen worden zwischen alten verknöcherten Nonnen. Und sie sagt, die erste Schwierigkeit, die sie gehabt hat, wäre gewesen, daß ihr Jesus abends am Fenster erschienen wäre und ihr befohlen hätte, sich auszuziehen. Und seitdem glaubt sie an den Herrn Jesus. Und ihre ganzen Schwierigkeiten sind sexueller Natur. Damit ist sie immer auffällig geworden. Und wenn ihre Wahnbilder auftraten, hing das meistens mit sexuellen Erlebnissen zusammen.»

Was wäre für das Mädchen «normal» gewesen? Die Nonnen sagen: «Enthaltsamkeit!»
Das Mädchen sagt: «Enthaltsamkeit?» Es würde lieber sagen: «Kontakt und Liebe.»
Das Mädchen wird aufgespalten zwischen den eigenen Wünschen und den Werten und Normen der Erziehung, die sie als «normal» begreift.
Normal wäre für sie, so zu sein, wie sie und ihre Wünsche es wollen.
Normgerecht ist die Enthaltung. Der Jesus-Wahn ist Ersatz (ge-

genüber dem Normalen) und Entschuldigung (gegenüber dem Normgerechten) zugleich. Eigentlich ein vernünftiger Wahn, nicht wahr?

Ein Wahn kann also vernünftig sein (innerhalb seiner Regeln) und ein Vernünftiger wahnsinnig (weil die «normalen» Regeln so sind). Man könnte jetzt mit Wortspielereien weitermachen – der normale Irre, der irre Normale, das Normale am Irren des Normalen und das Irre am Irren des Normalen. Das Normale am Normalen des Irren, das Irre am Normalen des Irren. Hier beißt sich jeweils irgendeine Katze selbst in den Schwanz. Der Begriff des Normgerechten – mit einer klaren Definition, was darunter zu verstehen ist – hilft da weiter. Ansonsten kommt man nur in Teufels Küche, wenn man sich in die Entscheidung drängt: «Ist der jetzt normal oder irre?»
Diese Alternative bringt immer das Ergebnis: «Entweder normal oder irre.» Und solange man dabei bleibt, kann man auch sagen: «Nein, auf keinen Fall, es gibt überhaupt keine Irren, alles ist normal»; oder: «Ja, natürlich, es gibt sie, die Irren, die mit mir und dem normalen Leben nichts, aber auch rein gar nichts zu tun haben.»
Man muß also lernen, genauer hinzusehen. Was ist schwierig für mich an dem Menschen, und wo sieht er seine Probleme? Sieht er nur Probleme oder hat er auch Bereiche, wo er alles in Ordnung findet? Will ich ihn dabei verstehen oder wehre ich mich dagegen? Nehme ich ihn an oder lehne ich ihn ab? Will ich verhindern, zu entdecken, was dessen Angst mit mir zu tun hat?

«Irren ist menschlich» (Motto des Sternmarsches der Deutschen Gesellschaft für soziale Psychiatrie am 19. 10. 1980 in Bonn).

Die Sozialarbeiterin: «Ich hab mir überlegt, ob ich überhaupt mit psychisch Kranken arbeiten könnte, weil ich zu spüren meinte, daß ich selbst auch immer nahe am Durchdrehen war. Dann habe ich mich damit auseinandergesetzt und herausbekommen, daß ein Teil dieser Leute in jedem Menschen steckt; daß ich einen Teil des Wahnsinns dieser Leute auch in mir habe. Ich habe dann eine sehr starke Sympathie für die Leute empfunden und gemerkt, daß ich mit ihnen eine Menge machen kann, daß sie mir sehr nahe stehen.»

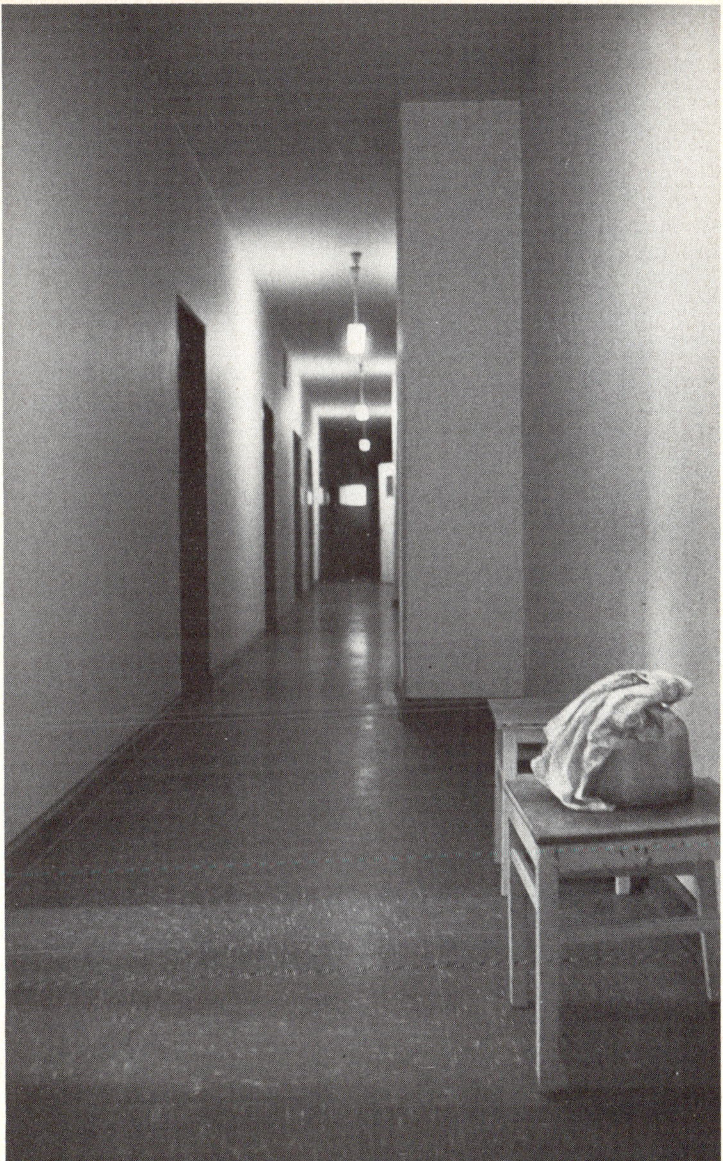

Ich

Ich höre in mich rein. Gibt es da Stimmen? Gibt es jemanden, mit dem ich rede, wenn ich keinen anderen habe? Rede ich laut oder flüstere ich? Streite ich mit dem, wenn ich ganz allein bin? Lange allein. Wie geht es mir, wenn ich krank bin? Grippe. Im Bett liege. Einen Tag, zwei Tage, drei Tage. Plötzlich komme ich in eine komische, taumelige Stimmung. Ich nehme Geräusche anders wahr. Intensiver. Nervöser. Vom vielen Zeitunglesen und Bücherblättern bin ich wirr. Mir kommen Gedanken und Einfälle, die mir sonst nicht kommen.

Oder: Ich bin in einer schwierigen Situation. Muß die und die Aufgabe bis zu dem und dem Zeitpunkt erledigen. Ein Riesenberg türmt sich vor mir auf. Ich müßte anfangen, ran an die Bouletten, mich durchfräsen. Aber ich gehe spazieren, lege die Hände in den Schoß. Dann gehe ich nicht mehr spazieren und bin unruhig. Aber ich kann mich einfach nicht an die Aufgabe machen. Ich werde bestimmt versagen, denke ich die ganze Zeit. Zu keiner Regung bin ich mehr fähig. Ich werde traurig, immer trauriger, schließlich fühle ich mich erschöpft und ausgebrannt, eines Gefühls kaum noch fähig, will mich in Schlaf flüchten und kann es nicht.

«Die Möglichkeit, depressiv oder manisch zu sein, ist nicht abzuschaffen. Sie gehört zum Menschen.» (Dörner/Plog, 1980, S. 95)

Werde ich verrückt?

Ich komme nach einem schweren Tag nach Hause. Hinter mir im Auto mein kleines Kind. Schreit die ganze Zeit, weil irgend etwas quer sitzt. Schreit und schreit. Ich fahre wie in Trance. Die roten Bremslichter meiner Vorderleute verschwimmen. Fast baue ich einen Unfall, schließlich, mit Glück, komme ich doch wohlbehalten an. Das Kind schreit immer noch. Was hat es nur? Rein ins Haus. Meine Frau macht eine falsche Bemerkung, irgendwas hab ich wieder vergessen, zu erledigen. Ich merke: das ist jetzt zuviel. Nur gut, daß das Kind inzwischen im Bett liegt, aber auch egal, wenn es noch da wäre – ich werfe die nächstbesten Gegenstände durch die Gegend, explodiere, schrei irgendwas; das Ganze dauert Sekunden, und ich vergesse es sofort (meine Frau muß mir alles erzählen, hinterher), danach hab ich Krämpfe und heul wie ein Schloßhund. Herrje, ich bin eben total im Arsch, derzeit.

Sandra ist irre – ich bin normal.

Irren ist menschlich

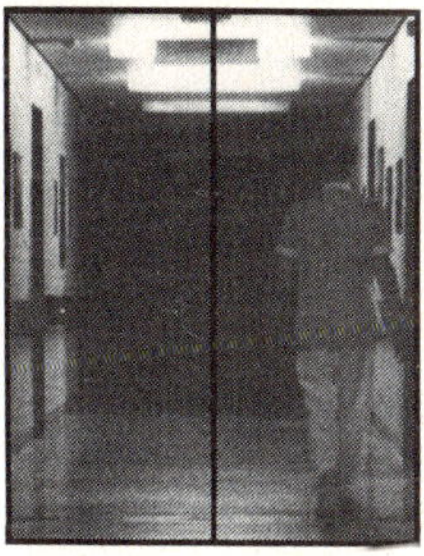

Es nützt also nichts, die Irren wegzutun und auszuschließen. Den Irren nützt es nichts – das leuchtet ohnehin ein –, und einem selbst nützt es auch nichts, denn man verleugnet einen Teil von sich selbst, grenzt einen Teil seiner eigenen Persönlichkeit aus und damit gleichzeitig den kritischen Blick auf die Umstände, die mit für den Zustand dieser Persönlichkeit verantwortlich sind.
So weit – so klar. Das Problem ist dann allerdings immer noch: Was ist denn nun eigentlich irre? Und wie wird man es?
Wer jetzt allerdings auf vollkommen eindeutige Antworten hofft, der sei hier schon daraufhingewiesen: Es gibt weder *den* Irren noch *den* Weg in die Irre. Es gibt auch nicht nur *einen* Grund fürs Irrewerden. Die Gesellschaft, der einzelne und vielleicht auch hirnorganische oder körperliche Ursachen kommen zusammen. Und einiges am Irresein bleibt derzeit auch immer noch rätselhaft. Es gibt immer wieder Leute, die durchdrehen, bei denen es keiner vermutet hätte.
Wie überall, wo es um Menschen geht, hat noch keiner Patentrezepte gefunden, nach denen alles erklärt werden kann.

Der Doktor: «Die Wirkungen bestimmter sozialer Fakten, beispielsweise einer hohen Leistungsanforderung im Beruf, sind durchaus unterschiedlich, oft sogar gegensätzlich und führen bei einem Menschen zur Überlastung und einer depressiven Verstimmung und bei einem anderen zu besonderen Anstrengungen und Erfolgserlebnissen. Es gibt also keinen automatischen und zwangsweise auftretenden Zusammenhang zwischen bestimmten sozialen Bedingungen und psychischen Reaktionen.» (nach A. Thom/K. Weise, Medizin und Weltanschauung, S. 55)

Werner (23)

Wir haben Werner besucht, er lebt heute in einem Rehabilitationsheim. Die 3 Jahre davor hat er in einem Landeskrankenhaus, wie man die ‹Klapsen› heute vornehm nennt, verbracht. Größtenteils war er in eine geschlossene Abteilung eingesperrt. Diagnose: Zyklothymie. Damit ist ein Zustand gemeint, der zwischen manischen und depressiven Phasen hin und her schwankt. Mal soll Werner hektisch betriebsam gewesen sein, mal todtraurig und innerlich wie äußerlich bewegungslos. So jedenfalls steht es in seinen Akten.
Wir wußten das und waren gespannt auf ihn. Würde er unsere Fragen verstehen, sie beantworten können? Würde er ausflippen oder sich querlegen? Wir lernten ihn kennen. Er war freundlich zu uns. Zeit habe er bis zum Mittagessen, sagte er. Beim nächstenmal hatten wir Pech. Wegen eines Fußballänderspiels, das er sich ansehen wollte, konnten wir nur eine halbe Stunde mit ihm reden.
Werner ist auch körper- und sprachbehindert. Er kann schwer gehen, und er hat sich bei einem Suizidversuch (Selbstmordversuch) mit einem Taschenmesser den Kehlkopf zerstört. Dadurch ist seine Stimme schwer verständlich geworden. Wenn er lange spricht, strengt ihn das an. Hier sein Bericht:

Kindheit und Jugend

Werner: «Ich wurde geboren am 10. August 1958 in Hamburg-Altona. Als meine Mutter im 3. Monat schwanger war, starb mein Vater – Richard. Meine Mutter hieß Waltraud Käthe Elfriede. Ich war drei Jahre lang im Säuglingskinderheim in Hamburg – und danach – 1961 – heiratete meine richtige Mutter, meine leibliche Mutter, meinen jetzigen Vater, meinen Stiefvater Hans-Jürgen. Mit vier Jahren – in der Sandkiste – wurde mir mein Metalleisenbahnwaggon gestohlen und meine Maschinenpistole aus Holz, meine schönsten Spielsachen ... von größeren stärkeren Kindern ...

Ich habe bei meinem Stiefvater und meiner Mutter gewohnt. Und dann – 1965 – kam ich in einen Schulkindergarten, und da wollte mich mein Stiefvater, weil ich mich dort so schlecht benommen hätte, in ein Heim für schwer erziehbare Kinder stecken.
Das wollte er, weil ich die anderen Kinder getreten habe, die mir damals meine schönen Spielsachen weggenommen hatten.
Deshalb sollte ich in ein Heim für Schwererziehbare ...
Und ich habe meine Eltern angefleht, nein gesagt, ich möchte nicht, ich bessere mich. Und dann bin ich danach nicht zur normalen Hauptschule gekommen, sondern zur Körperbehinderten-Volksschule. In der Körperbehinderten-Schule hab ich mich auch nicht besonders gut benommen, da wurde es aber im Laufe der Zeit besser. Und dann wurde ich 1969 am Hüftgelenk operiert. Das Hüftbecken wurde ausgewechselt ...
Und 1970 kam ich dann in die normale Volksschule. Da hat man mich sehr erniedrigt. Da hatte ich Minderwertigkeitskomplexe, weil man mich geärgert hat, schlecht behandelt hat, die anderen Schüler. Und der Lehrer wollte nicht, daß ich in eine Realschule kam, 1972. Obwohl meine Leistungen gar nicht so schlecht waren. Er hat mich benachteiligt. Dann kam ich 1972 in eine Volksschule in Hamburg-Barmbek. Da wohnte ich bei meinen Stiefeltern.»

Selbstmordversuch
«Schon in der 5. Klasse, als ich noch nicht in der Körperbehinderten-Schule war, wurde ich von den Klassenkameraden geärgert. Die haben mir mit dem Lineal auf die Finger gehauen, die haben mich mit Gummiband und Papier ins Gesicht getroffen ... Und in der Hauptschule, in der 7. bis 9. Klasse, wurde ich festgehalten und im Gesicht bunt angemalt. So wurde ich da geärgert. Und an der Handelsschule drückten die bei mir beim Maschinenschreibunterricht immer falsche Tasten. Das führte dann dazu, daß ich einen Selbstmordversuch unternahm.
1970 hatte sich meine Mutter das Leben genommen, die ist vom Dach gesprungen. Sie hatte Depressionen, war krank und hat auch Spritzen bekommen. 1974 heiratete mein Stiefvater meine jetzige Stiefmutter Gertrud. Die brachte zwei Kinder mit in die Ehe, zwei

Stiefgeschwister. Ich war ein Einzelkind, mein Bruder war zehn, meine Schwester elf.
Vorher habe ich drei Jahre alleine bei meinem Stiefvater Hans-Jürgen gelebt. Da verstanden wir uns prima. Als die Stiefmutter Gertrud dann später mit den Kindern zu meinem Vater in die Ehe kam, da war der Ofen aus.
Die haben mich damals verpetzt, als ich die Zimmerantenne aus dem Fenster hielt und das DDR-Fernsehen reinbekommen wollte und Feuerwerkskörper aus dem Fenster warf; da wurde mir der Fernsehstecker abgezogen – Taschengeldverbot. Da hatte ich Wut auf meine Stiefmutter, daß sie ihre Kinder in Schutz nahm. Und da hab ich angefangen zu klauen, Diebstähle zu machen, zu Hause und im Kaufhaus. Und einmal haben mich meine Stiefeltern bei der Polizei abgeholt. Aber eine gute Bekannte von meines Stiefvaters Schulfreund hat da angerufen und gesagt, das hätte ich vorher noch nie gemacht. Am anderen Tag haben die meine Schränke durchsucht, die Stiefmutter, und dann hat mein Stiefvater mich geschlagen, weil sie die Wohnungstürschlüssel nachmachen mußten. Da habe ich dann auch den Selbstmordversuch unternommen. Habe ich mir ein Fahrtenmesser in den Kehlkopf gestochen, ich war 17, weil ich auch in der Schule so geärgert worden bin. Und da wollte ich, daß der Kehlkopf auf meine Luftröhre fällt, da wäre ich erstickt. Das ist aber nicht eingetreten. Aber seitdem bin ich sprachbehindert.»

Heimweh

«Danach kam ich in die Jugendpsychiatrie und dann in die Hals-Nasen-Ohren-Klinik. Da wurde ich operiert. Dann kam ich auf die Neurologie. In der Jugendpsychiatrie war ich zweieinhalb Jahre. Bis zum 10. Januar 1977, dann kam ich ins Berufsförderungswerk Gustav-Heinemann-Haus in Bonn, da bin ich erkrankt an Zyklothymie. Ich habe da ein Auto mitgehen lassen; ich hatte Heimweh, ich wollte von Bonn wieder nach Hamburg, weil man mich doch abgeschoben hat. Aber ich konnte nicht Auto fahren und bin in den Straßengraben rein (lacht).
Von der Garage raus in den Straßengraben rein. Da hat der Busfah-

rer die Polizei verständigt. Die Feuerwehr kam, hat mich abgeholt und ins Krankenhaus ... Wehgetan habe ich mir nicht, ich hatte ja einen Gurt an, Sicherheitsgurt ...»

Geschlossene Abteilungen

«Am 23. Januar 1977 bin ich ins Rheinische Landeskrankenhaus Bonn gekommen, in die Irrenanstalt.

Im Berufsförderungswerk war ich als Maler und Anstreicher tätig gewesen. Das war eine Ausbildung. Aber nur zwölf Tage, dann kam ich ins Rheinische Landeskrankenhaus Bonn ... Wegen der Sache mit dem Auto.

Ja, und dort hat man wieder meine Wertgegenstände gestohlen, mein Mikrofon, meine Tondbandkassetten, Schallplatten, Fotoapparate, Ledergürtel, Aufnahmekabel usw. Zwei Stärkere haben es mir gestohlen. Zuvor ... als ich dahin kam, hat man mich ausgepeitscht mit dem Ledergürtel auf die nackte Haut. Andere Patienten wollten mich so einschüchtern. Am nächsten Tag haben sie mich ausgeraubt. Außerdem wurden dort Briefe kontrolliert von Patienten und Mitarbeitern und Pflegern.»

Drei Jahre Landeskrankenhaus

«Morgens um 6 Uhr aufstehen. Um 7 Uhr Mittagessen, ääh, Frühstück, dann sitzt man die ganze Zeit dort rum. Auf der geschlossenen Station, wo ich da war, da sitzt man bis Viertel vor zwölf rum, bis man dann Mittagessen bekommt ... und dann sitzt man wieder rum, bis man um 3 Uhr den Kaffee bekommt ... und dann wartet man wieder bis um 5 Uhr zum Abendbrot und geht um 20 Uhr zu Bett (lacht).

Sonst läuft nichts ab. Da gammelt man nur rum (lacht). Nur Beschäftigungstherapie wurde dort angeboten. Das kam für mich aber erst später. Holzarbeiten ... Bastelarbeiten ...

Und Tabletten wurden gegeben. Morgens, mittags und abends ... da wurde man früh müde von. Tremerith[1], Haldol[2] usw.

Regelmäßig.

1, 2 – Psychopharmaka

Warum so viele Tabletten, darüber hat kaum mal wer was gesagt. Nur als ich zu Anfang da rein kam, fand ein Fünf-Minuten-Gespräch statt. Da wurde gesagt, daß ich jetzt auf der geschlossenen Abteilung sei und nicht so oft mit der Ärztin sprechen könnte, wie ich möchte, und daß ich vier Arzneien bekäme, die nötig sind. Mehr ist nicht gesagt worden.

Drei Jahre war ich in der geschlossenen Abteilung

Nach und nach durfte ich mit auf Außenkolonne, Hofkolonne. Pflegen, den Rasen mähen, das Gras zusammenharken ... das Gras zusammenharken und Schnee fegen. Und dann bin ich in die Gärtnerei gekommen. Da hatte ich dann schon Ausgang. Ich habe da an Geld im Monat noch weniger bekommen als in der Hofkolonne und bin dann wieder durch die Beschwerde meines Vormundes und von mir bei der Beschwerdekommission im Landschaftsverband in Köln, auf Grund der Beschwerde bin ich dann in den Neubau gekommen.»

Entmündigung

«Ich habe dann angefangen, mich selbst zu beschäftigen, weil ich doch so gerne Radiotechniker werden wollte. Ich wollte etwas mit Tonbandkassetten machen. Das ‹Haus der Freundschaft› und das ‹Haus der Reparaturen›. Da wollte ich mit Kassetten, die besprochen werden sollten, Freundschaften stiften. Für DM 110 pro Vermittlung.

Außerdem wollte ich defekte Kassettenbänder reparieren. Ich habe dann Briefe an Banken geschickt wegen der Finanzierung und Briefe an Partnerschaftsinstitute, um ihnen meine Idee zu verkaufen. Das führte dann zu meiner Entmündigung.

Sie wirkte auf mich deprimierend und niederschmetternd ... Als minderwertiger Mensch habe ich mich gefühlt. Die haben mich genauso eingestuft wie die Schwachsinnigen und Bekloppten. Ich konnte mich nicht dagegen wehren, weil die Ärzte darauf pochten, drauf bestanden, mich zu entmündigen.

Weil ich die Briefe und das geschrieben hab.

Da waren meine Gedanken: bloß raus hier. Ich habe dann auch ei-

nen Pfleger, einen Nachtpfleger mit dem Besenstiel geschlagen ... auf den Oberarm. weil ich den k. o. schlagen wollte, Schluß machen wollte. Ich wollte raus ...
Man hat mir zur Strafe eine Paraldehyd[1]-Spritze gegeben. Das kribbelte in den Beinen, und ich konnte mich nicht mehr bewegen ... Ich hatte damals nur einen Pfleger als Freund, einen Tagespfleger, aber helfen konnte er mir auch nicht viel, weil die Ärzte mich so unter Kontrolle hatten.»

Übergangsheim/Rehabilitation
«Dann bin ich hierher (ins Rehabilitationsheim) gekommen.
Ich hatte mich hier beworben und bin dann hierher gekommen, am 15. September 1980, 14 Tage auf Probe, und ab dem 3. Oktober bin ich dann ganz hier wohnen geblieben.
Es gefällt mir hier gut, obwohl sich hier einer das Leben genommen hat.
Ich bewerbe mich bei Körperbehinderten-Realschulen, daß ich da aufgenommen werde, obwohl ich nicht mehr schulpflichtig bin und ich nur Hauptschulabschluß habe.
Aber meine Behinderungen sind den Schulen zu gering. Multikutive Distanz – die Gehbehinderung, d. h. bei der Geburt setzte mein Gehirn für kurze Zeit aus. Das hat man mir jedenfalls gesagt. Das macht sich aber kaum bemerkbar bei mir. Ich will Radio- und Fernsehtechniker werden. Das ist mein ganzer Lebenslauf.»

Wünsche und Träume
«Die schönste Zeit meines Lebens war die Zeit mit meiner leiblichen Mutter und mit meinem Stiefvater zusammen, aber die Zeit danach, die drei Jahre, waren auch nicht übel.
Das war schön, weil es da keinen Streit zwischen meinen Stiefgeschwistern und meiner Stiefmutter gab, weil mein Vater mir zum Geburtstag eine Flugreise nach Berlin geschenkt hat zur Funkausstellung – 1973. Zusammen mit meinem Stiefvater bin ich dahingeflogen.

1 Psychopharmakon

So gut er konnte, hat er immer etwas mit mir gemacht. Da bin ich auch immer zum HSV gegangen mit meiner Fahne. Zum Hamburger Sportverein, zum Volksparkstadion bin ich gegangen mit Freunden, männlichen Freunden ... Die kannte ich aus der Schule und einen aus dem Konfirmationsunterricht. Ich war so lange mit denen eng befreundet, bis das mit dem Selbstmordversuch kam.
Wir haben uns unterhalten über Schallplatten, über Reisen, über Hobbies und über schöne Tage, die wir miteinander verbracht hatten.
Wir sind mit dem Fahrrad weggefahren und einkaufen gegangen, bummeln gegangen, Flohmarktbesuche, Kinobesuche, ja, das war's dann auch.
Ich gehe nämlich gerne ins Kino. Ich mag besonders Kriminalfilme, Zeichentrickfilme, Musikfilme und Musikstars: John Travolta. Und wir kriegen ja vom Haus Kinogeld, aber wenn die Marion nicht mitgeht, bringt das keinen Spaß. Die geht nicht so gerne. Marion, das ist eine Heimbewohnerin aus der zweiten Etage, mit der gehe ich gerne ins Kino, wenn sie Lust hat. Aber sie hat selten Lust ... Meist gibt es ja auch was Gutes im Fernsehen.
Es reicht mit Marion nur für eine oberflächliche Freundschaft, aber nicht für eine feste, weil sie keine Zärtlichkeit möchte von mir. Und die kann man ja nicht erzwingen.»

Wer wird
denn gleich
in die Luft
gehen...

Im Räderwerk

Wir haben uns nach den Gesprächen mit Werner zusammengesetzt und überlegt: «Was an dem Typen ist denn nun eigentlich das Irre?» Wir haben zuerst Antworten gefunden, die uns nicht sehr zufrieden machten. Werner braucht auch heute noch Tabletten. Wenn er in Schwierigkeiten gerät, wenn ihn z. B. jemand wegen seiner Stimme hänselt, ihn ärgert, wenn jemand seinen Namen verunstaltet, ihn mit einem witzigen Spitznamen anspricht, wenn es mit seiner Wiederbemündigung nicht klappt, wenn er keinen Platz an der Realschule bekommt, dann flippt er manchmal aus. Dann sieht sein Zimmer aus wie nach einem Bombenangriff.
Wir haben überlegt: was ist das, das ihn zu solchen Lösungen für seine Probleme greifen läßt? Was bringt ihn so weit?

Der Doktor: «Psychische Störungen sind im Unterschied zu körperlichen Krankheiten Störungen der menschlichen Beziehungen, Beziehungsstörungen.»

«Ja», dachten wir, «das trifft sicher auf Werner zu.» Wenn er z. B. die ersten drei Lebensjahre, die nach Meinung vieler kluger Leute ziemlich wichtig sind für den Aufbau der Persönlichkeit, die Stellung in der Welt und das Verhältnis zu den Menschen, wenn er diese drei Jahre in einem Säuglingskinderheim verbracht hat, hat ihm sicher etwas gefehlt. Seine Mutter oder eine Person, die für ihn da war, die das kleine Baby hätte stützen können, wenn es laufen lernen sollte. Eine Person, die ihm hätte helfen können, wenn es traurig war, die ihm mit ihrer erwachsenen Persönlichkeit hätte Schutz geben können. Das hat dem Werner sicher gefehlt, dachten wir.

Der Doktor: «Wenn heute die Stationsschwestern so erzählen, wie das vor zehn Jahren hier gewesen ist: Da gab es einen Saal mit 50, 60 Kindern und einer Schwester, die den ganzen Tag nichts anderes machen konnte, als von einem Kind zum anderen laufen und trokkenlegen, Betten machen und alle Kinder im Bett halten und unten drunter putzen.»

Und was sich später für Werner an Problemen auftürmte, war ja auch nicht von Pappe: Er bekam Zoff mit den Mitschülern, weil er anders war als sie, weil er gehbehindert war, weil er sich vielleicht auch abseits hielt – schon wegen der schlechten Erfahrungen, die er ständig sammelte. Dann die Geschichte mit dem geklauten Spielzeug. Werner fühlte sich unterlegen, er verzweifelte an der Macht der Stärkeren, wurde deswegen wütend und gab's an die Kleineren weiter.

«Warum sieht er das so eng?» fragten wir uns. Vielleicht, weil es in seine anderen Erfahrungen nur zu gut paßte? Denn er stellte immer wieder fest: «Ich bin ein Würstchen, das keiner anerkennt.» Und das hatte Folgen. Schließlich ist der Mensch ein soziales Wesen. Er findet sich immer dadurch, daß er sich in anderen findet. Wer ohne Bestätigung durch andere auskommen muß, geht ganz schön kaputt. Wer immer nur der letzte Arsch ist, wer immer nur getreten wird, der wird irgendwann selber treten. Und wenn kein anderer dafür da ist, dann tritt er sich selber. Und wenn er dann schreit, und man weiß nicht, warum, dann findet man das verrückt.

Mit derartigen Problemen hat Werner sicher zu kämpfen gehabt. Und anders als bei anderen – die auch schon mal Schlappen erleben müssen, die auch schon mal einen Feind haben, die auch schon mal das Nachsehen haben und untergebuttert werden – war dieses Gefühl – keiner nimmt dich für voll – bei Werner bestimmend. Das weitete sich dann offenbar so aus, daß er in eine echte Existenzkrise kam, eine Krise, die er nicht mehr bewältigen konnte, die ihm aus der Hand glitt.

Und woran konnte er sich bei der Lösung dieser Krise schon orientieren? Am Vorbild seiner Mutter? Die hatte sich ja umgebracht, wie er uns erzählt hat. Und da hat Werner das Taschenmesser genommen und sich in den Hals gestochen.

Der Aufenthalt in der Psychiatrie gab ihm dann erst einmal den Rest. War er früher in der Schule eigentlich ganz gut mitgekommen, so wurde ihm jetzt klar gemacht: «Du bist ein Bekloppter.» Als er es sich und den anderen beweisen wollte, als er seine Pläne schmiedete, ein Haus der Freundschaft und ein Haus der Reparaturen aufmachen wollte, kriegte er die Quittung: «Entmündigung.» Deprimierend und niederschmetternd sei das für ihn gewesen. Als minderwertiger Mensch habe er sich gefühlt. Wer hätte das nicht? Die weiteren Konsequenzen, die sich aus so einer Situation ergeben, sind nur noch schwer zu vermeiden. Einmal gefangen in einem Räderwerk, kommt man schlecht heraus. Und der Patient in der Psychiatrie ist im Räderwerk. Kommt er ins Landeskrankenhaus und wehrt sich, ist er «nicht krankheitseinsichtig». Hält er sich still, muckst er nicht auf, dann ist er «antriebsarm», «depressiv». Versucht er aufzustehen und sagt, er sei gesund, dann ist er «manisch».

Das Spiel, das mit ihm gespielt wird, funktioniert oft nach der tödlichen Regel: bei Zahl gewinne ich, bei Krone verlierst du.

Die großen Irrwege

Die Gründe für Werners Schicksal nun allerdings auf die Jahre im Säuglingskinderheim und seine privaten Niederlagen zu reduzieren wäre mehr als falsch und einseitig. Da müssen wir schon etwas weiter ausholen.

Und wie in allen Bereichen menschlichen Verhaltens kann man auch beim Irren sagen: Wenn die Leute anfangen zu spinnen, liegt das auch an der Gesellschaft.

In der Tat. Wir können gar nicht müde werden, darauf hinzuweisen, wie verrückt unsere Gesellschaft ist. Schon ihre Grundlage, daß der Mensch wenig und Geld alles ist, scheint uns nicht gerade menschlich und normal zu sein. Die darauf aufbauende soziale Ungerechtigkeit, daß der eine, wenn er sowieso schon Geld hat, groß absahnen und der andere mal auf dem Finger pfeifen darf, ist genauso krank. Wenn die Leute dann anfangen, sich gegen andere zu

wehren, um an das große Geld zu kommen, verständlich und irre zugleich ist das. Bis rein in die Familien wird sich da gegeneinander gewehrt.
Die Städte, die Wohnblocks, in denen manche Leute Tage, Wochen und Monate mit nichts und niemandem als mit sich selbst und ihrem Hund reden, wo sich niemand um die Alten kümmert, wo die Kinder nicht spielen dürfen und sich keiner abends auf den Fluren zu bleiben traut – wen wundert's, wenn da Ängste entstehen, die die Menschen lähmen und innerlich wie äußerlich bewegungslos machen.
Und dann kommen täglich irgendwelche Sachen durch den Briefschlitz – vom Finanzamt, vom Gericht, von Verwaltungen, ausgespuckt von Computern. Briefe und Drucksachen, die man oft überhaupt nicht versteht. Ganz abgesehen von den großen Zusammenhängen und Fragen – warum z. B. ein Atomkraftwerk unbedingt jetzt und heute gebaut werden muß, obwohl wir noch gar nicht abschätzen können, was für Probleme dadurch auf uns zukommen werden. (Das erinnert doch stark an die «Gräfin Oppenheim» mit ihren Festen für den Hochadel. Die machte auch Sachen, ohne sie abschätzen zu können. Aber die sitzt deswegen in der Klapse.) Warum auf einmal bestimmte technische Anlagen im Betrieb neu eingebaut werden, warum der eine seinen Arbeitsplatz verliert und der andere ihn behält, alles das sind Strukturen, die mit dem einzelnen zu tun haben, ihn und sein Leben nachhaltig beeinflussen, ja, die sogar von Menschen gemacht werden – nur nicht für Menschen. Wie soll man sich da frei und glücklich fühlen?

Dann die kaputte Natur, von der man sich Erholung verspricht; der Urlaub, der den Frust des Jahres Arbeit, das hinter und das vor einem liegt, nicht aufheben kann, die Enttäuschungen bei der Flucht in die Zerstreuung – Kino, Kola, Korn. Immer wieder landet man dabei auf der harten Matte des Alltags und des Stresses, wird auf die Dauer gespalten in eine Person, die in der Arbeit nicht bei sich selbst ist und eine zweite, die hofft, außerhalb der Arbeit endlich Mensch werden zu dürfen. Kann es da erstaunen, daß Schizophrenie eine Folge von solchen Belastungen sein kann?

Die Familie. Früher war da alles paletti, sagt man. Wenn man draußen einen auf den Dassel bekam, konnte man sich hier die Tröstungen holen. Und heute? Wie viele Familien sind ruiniert, wie viele Eltern schlagen sich und ihre Kinder?
Schließlich und endlich und überhaupt. Was hat diese Gesellschaft dem einzelnen als Lebenssinn und Ziel anzubieten? Leistungs-, Konkurrenz- und Konsumfähigkeit! So könnte man das heilige Dreigespann nennen, das den Ton angibt. Das sind Grundbedingungen, Ursachen für Irrwege.
Nicht alle führen ins Irrenhaus. Der eine driftet ab und steigt auf Drogen aus. Der andere paßt sich an, denkt nicht drüber nach und macht womöglich Karriere oder «heavy metal». Ob er viel gesünder ist als der Drogenjunkie, darüber könnte man sich einmal unterhalten.
Der dritte wird sprichwörtlich verrückt.

Die kleinen Irrwege

Ob und wie das alles auf Werner zugetroffen hat und zutrifft läßt sich konkret sehr schwer aus dem, was er sagt, herauslesen. Natürlich – wenn für ihn keine Schule da ist, dann kann man ihn fragen, wo das Geld geblieben ist, das seine Lehrer gekostet hätten. Wenn ihm im Landeskrankenhaus die Ärztin sagt, sie sei für ihn nur selten zu sprechen, dann kann man dasselbe fragen. Und wenn er dann Tabletten statt Zuwendung bekommt, dann muß man einen Blick auf die Gewinnsteigerungen der Pharmakonzerne werfen.

Der Doktor: «Eine Überlegung, die traurig stimmt, ist die Tatsache, daß das Geld, das für die Erforschung der Geisteskrankheiten zur Verfügung steht, karg bemessen ist; das Geld für die Beruhigungsmittelwerbung ist dagegen reichlich und vergleichsweise leicht zugänglich.»

Vergleichsweise traurig könnte stimmen, was der Doktor noch zu diesem Thema zu sagen hat: «Man findet auch heute regelmäßig bei den ‹Armen›, d. h. in den unteren sozialen Klassen, in Außenseitergruppen und bei Menschen, die in einer unsicheren Lage stecken, in Isolierung und unter sozialem Druck vermehrt psychisch Kranke, gerade auch Schizophrene.» (nach Dörner, Diagnosen, S. 42)

Die am wenigsten von der Gesellschaft haben, die leiden auch am meisten unter ihr. Das steht fest. Und daß Werners Leben nicht gerade auf Rosen gebettet war, das haben wir doch verdammt schnell gemerkt.

Zu den großen Irrwegen, die die Gesellschaft bereithält, müssen aber auch noch die kleinen kommen, diejenigen, die den konkreten einzelnen Typen in die Irre führen, die die Beziehungsstörungen im kleinen ausmachen und psychisches Leid produzieren. Wie sehen die aus?

Die Grundvoraussetzung haben wir ja schon bei Werner mitbekommen. Er fühlte sich nicht anerkannt als Person; er konnte nicht so sein, wie er wollte, wie er sich selbst sah. Er mußte sich nach etwas ausrichten, das ihm fremd war. Ein bißchen kennt jeder diese Sachen: «Mensch, verhalt dich doch mal spontan!» – «Sei nicht so gehorsam!» – «Ich möchte, daß du mir freiwillig diesen Gefallen tust!»

Solche Aufforderungen, die der Freund, die Freundin, die Mutter, der Vater, der Lehrer oder der Chef an einen richten, sind nicht selten. Der Haken an diesen Erwartungen – man kann sie nicht erfüllen. Denn spontan kann man eben nur spontan und nicht nach Aufforderung sein. Ungehorsam kann man nicht sein, wenn man einem Befehl gehorcht, und freiwillig etwas tun kann man ebenfalls nur freiwillig und ohne Ermahnung.

Und auch andersherum kann man solche Fallen nicht umgehen. Dann ist man nämlich bewußt nicht spontan, dann tut man den Gefallen überhaupt nicht, und dann ist man eben gehorsam – also auch kein gutes Ergebnis.

Man steckt in einer Zwickmühle und kommt nicht heraus. Ein bißchen kennen wir das also alle – besonders das Gefühl, es niemandem recht machen zu können. Und immer, wenn das so ist, fühlen wir uns entsprechend mies. Aber daß das ein Dauerzustand ist und das ganze Leben bestimmt, daß nicht die eindeutigen Situationen vorherrschen, in denen man sehr wohl weiß, was man tun soll, ist zumeist nur bei denen so, die anschließend durchdrehen.

Eltern über einen Patienten:	Der Patient über sich selbst:
Er war immer glücklich.	Ich bin oft deprimiert und verängstigt.
Sein wahres Selbst ist lebhaft und heiter.	Ich habe mir eine falsche Fassade gebaut.
Es gibt keine Disharmonie in der Familie.	Die Disharmonie ist so stark, daß es unmöglich ist, den Eltern etwas zu eröffnen.
Wir hielten ihn nie am Gängelband.	Sie versuchten, mein Leben in allen wesentlichen Belangen zu beherrschen.
Er hat seine eigene Meinung.	Das stimmt in gewisser Hinsicht, nur habe ich immer noch Angst, sie gegenüber den alten Herrschaften zu äußern.

Wie kann ein solchermaßen Betroffener sich aus der Verstrickung lösen? Die Eltern haben sich vollkommen gegen seine Probleme abgeschottet, und er selbst kann ihnen – auf Grund seiner Ängste und Hemmungen – sein wahres Selbst nicht deutlich machen. Er kann sich nicht so verhalten, wie er eigentlich ist bzw. sein will, weil er dann um jede Anerkennung fürchten muß (daß er sie auch so nicht bekommt, das übersieht er allzu leicht). Er muß schauspielern.
Bei einem solchen Schauspiel geht dann auch schon einmal der Rahmen, in dem man sich selbst sieht, entzwei. Das ist wie bei dem Mädchen und den Nonnen. Um von den Nonnen als normal angesehen zu werden – nur so scheint es Anerkennung zu geben –, drängt sie das, was sie wirklich will, beiseite. Ihre ganz normalen Wünsche kann sie sich also nur in der Vorstellung erfüllen. Sie muß

die Wünsche aus der Ebene der Wirklichkeit in die Ebene des Kopfes «verrücken», und das ist ein wichtiger Schritt zu dem, was einen nach und nach verrückt macht, ein Schritt zu dem, was wir schizophren nennen.

Das verflixte dabei ist, daß der Betroffene aus der Situation kaum alleine herauskommt, also auch nicht abhauen kann. Denn Leute, die in solchen Zwickmühlen hängen, können nur sehr schwer – manchmal gar nicht – aus sich heraus einen Ausweg finden und sehen. Wer nur ein Leben in der Zwickmühle kennengelernt hat, wird dies als normal und unabänderlich begreifen. So wie mit den Eltern, geht es womöglich ja auch mit den Lehrern und Mitschülern, mit den Freundinnen und Freunden.
Werner z. B. konnte ja auch kaum einen Punkt in seinem Leben nennen, wo ihm eine Beziehung auf Dauer sicher war und auch etwas gebracht hat. Statt dessen bestimmte ihn ständige Unsicherheit. Nur selten schien jemand für ihn da zu sein. Da kann man fragen: «Wohin soll denn einer fliehen, der gar nicht weiß, was sein Ziel sein könnte?»

Der Doktor: «Wo solche Beziehungen von längerer oder gar chronischer Dauer sind, bestimmen sie die gesamte Einstellung und den gesamten Erwartungshorizont des von ihnen Betroffenen. Das durch sie verursachte Verhalten hat ähnliche Rückwirkungen bei den Partnern des Betreffenden, und dies führt zu sich selbst verewigenden Kommunikationsstrukturen. In künstlicher Isolierung betrachtet, entspricht das Verhalten des am auffälligsten Gestörten der an diesem Kreislauf Beteiligten den klinischen Kriterien der Schizophrenie.» (nach Watzlawick, 1972, S. 199)

Im Alltag gibt es tausend Anfänge für solche Fallstricke. Ein englischer Psychiater, R. D. Laing, hat sich die Mühe gemacht, sie aufzuzeichnen. Hier sind ein paar:
«Jill: Mich ärgert, daß du verärgert bist.
Jack: Ich bin nicht verärgert.

Jill: Mich ärgert, daß dich nicht ärgert, daß mich ärgert, daß du verärgert bist.
Jack: Mich ärgert, daß dich ärgert, daß mich nicht ärgert, daß dich ärgert, daß ich verärgert bin, wenn ich es nicht bin.»

★

«Jack: Du setzt mich ins Unrecht.
Jill: Ich setze dich nicht ins Unrecht.
Jack: Du setzt mich ins Unrecht, weil ich dachte, du setzt mich ins Unrecht.»

★

«Jill: Du glaubst, daß ich dumm bin.
Jack: Ich glaube nicht, daß du dumm bist.
Jill: Ich muß dumm sein, zu glauben, daß du glaubst, daß ich dumm bin, wenn du's nicht glaubst: oder du lügst.
Ich bin dumm, wie ich's auch wende:
zu glauben, ich sei dumm, wenn ich dumm bin
zu glauben, ich sei dumm, wenn ich nicht dumm bin
zu glauben, du glaubtest, ich sei dumm, wenn du's nicht glaubst.»
(R. D. Laing, 1980)

Knoten, Sackgassen, Verflechtungen, Schnittpunkte, Bindungen und Sprünge menschlicher Beziehungen – mit ihnen fängt offenbar oft das Irren an. Unentscheidbarkeit, Unsicherheit kann zum Wahnsinn treiben. Der Betroffene wird nie bestätigt, nie in seinem Handeln verstärkt. Was er auch macht, es ist verkehrt, wie er es auch dreht und wendet. Jemand aber, der nur aus Zweifel und Unsicherheit besteht, wird am Ende sich selbst total verstümmeln.

Der Doktor: «Ein klassisches Beispiel für schizophrenieerzeugende Beziehungen liefert auch jene Mutter, die ihren schizophrenen Sohn besucht und wenn dieser ihr um den Hals fällt, starr wird, aber dann, wenn er sich zurückzieht und schweigt, ihn fragt: ‹Hast du mich denn nicht lieb?›; daraufhin errötet er und sie fügt hinzu: ‹Du mußt nicht verlegen und so widersprüchlich in deinen Gefühlen sein, Lieber!›

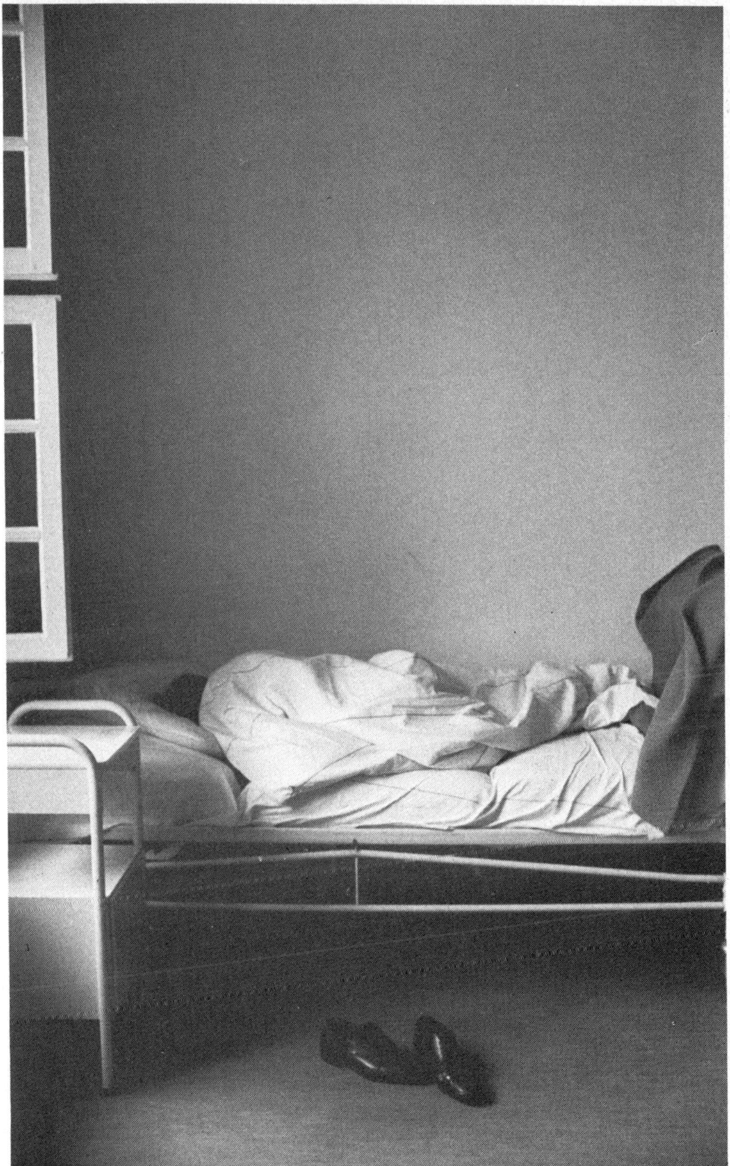

Wenn ein Kind, ein Heranwachsender und später Jugendlicher in der Familie (oder im Heim) jahrelang einer psychischen Behandlung dieser Art ausgesetzt ist, lebt er gefangen in einer Welt ohne Sicherheit, im Gefühl, nichts Akzeptables tun zu können, nichts entscheiden zu können, was ihm als gültig bestätigt würde. Er ist gelähmt in all seinen Handlungen, wird von den Erwachsenen nicht als Person definiert und erlangt keine Identität, kein Selbstbewußtsein, keine Autonomie, keine Fähigkeit, sich zu bestimmen; und dann verliert er sich selbst.» (nach Jervis, 1980 S. 400)

«Lebst du, oder bist du auch nur geführt?» Oder: «Genies sind gebunden zur Normalheit.» Was Dieter Galsterer (G) dem Interviewer (J) zu sagen hat [1]

J.: Dieter, kannst du mir sagen, wie lange du schon im LKH Schleswig bist?
G.: Hier bin ich schon 10 ¾ Jahre.
J.: Wo warst du vorher?
G.: Vorher war ich in Kiel. Im Bodelschwingh-Haus. Kronshagener Weg 101.
J.: Kannst du erzählen, wo du geboren bist!
G.: Bayern. Aus Nürnberg.
J.: Und wann?
G.: 47, 26. März.
J.: Wie lange warst du bei deiner Mutter?
G.: Oh, da war ich zwei Jahre.

1 Das Interview haben wir – gekürzt – der Patientenzeitung «Der Ausblick» Nr. 2/80 – Unabhängige Zeitung entmündigter, aber nicht mundtoter Patienten – entnommen. Das Interview wurde von einem Mitpatienten von Dieter G. gemacht. Wir selbst hätten ein solches Interview mit Dieter nie hingekriegt.

J.: Warum bist du dann später nach Dänemark gekommen?
G.: Ja, da bin ich ...
J.: Bist du adoptiert worden?
G.: Ja, adoptiert. Nach Ribe.
J.: Du warst bei Pflegeeltern.
G.: 10 Jahre.
J.: Da warst du also 12 Jahre alt.
G.: 12 Jahre.
J.: Und was hast du dann gemacht?
G.: Dann habe ich die Mittlere Reife ... die Volksschule besucht in Dänemark.
J.: Darum sprichst du auch perfekt dänisch.
G.: Perfekt, ja.
J.: Was hast du anschließend gemacht?
G.: Anschließend war ich in der Latin-Schule, Latein ...
J.: Also auf deutsch: Lateinschule.
G.: Ja.
J.: Als du die Lateinschule beendet hattest, was hast du dann gemacht?
G.: Nach Lateinschule bin ich wieder nach Deutschland gekommen. Nee, zurück. Da war ich Pfleger. Krankenpfleger war ich da erst noch anderthalb Jahre.
J.: Hattest du Spaß an dieser Arbeit?
G.: Ja, ich hab immer Menschen lieb gehabt.
J.: Mußtest du aufhören oder hast du von selbst aufgehört?
G.: Ich hab Trinkereien angefangen. Wenn ich Pfleger bin, fing ich an zu trinken. Ich bin frei in Dänemark gewesen. Darum bin ich angefangen zu trinken. Weil ich viel Geld gehabt hab.
J.: Wohntest du da noch bei deinen Pflegeeltern?
G.: Ja, da wohnte ich noch.
J.: Was haben deine Pflegeeltern dazu gesagt?
G.: Die Pflegeeltern haben zu mir gesagt ... Die Pflegeeltern!
J.: Ja.
G.: Ich sollte zurück nach Deutschland. Weil ich Deutscher bin und ich Bier getrunken hab zuviel. Bier soll nicht getrunken werden so viel.

J.: Was passierte dann?
G.: Dann passierte, daß ich nach Kiel gekommen bin und da hab ich weitergetrunken.
J.: Wie alt warst du da?
G.: Da war ich ... na ja 21.
J.: Was hattest du in der Zwischenzeit in Dänemark noch gemacht?
G.: In der Zwischenzeit war ich noch ein bißchen Tischler.
J.: Hattest du Spaß an dieser Arbeit?
G.: Nee, Tischler war nix, keinen Spaß gemacht. Pfleger ist besser.
J.: Warum?
G.: Krankenpfleger ist besser, weil es leichter ist. Ich habe ganz verschiedene Hände ... Verschiedene Hände!
J.: Hat dir die Pflegearbeit Spaß gemacht?
G.: Ziemlich viel, ganz gut. Aber ich hab kein Aushalten gehabt. Hab es nicht ausgehalten, du.
J.: Und dann bist du in Dänemark in ein Landeskrankenhaus gekommen?
G.: In Deutschland hier. In Dänemark nicht. Ich war kein Patient in Dänemark.
J.: Also du warst kein Patient in Dänemark?
G.: Kein Patient. Hier bin ich Patient. Hier bin ich eingelegt worden von Kiel ab.
J.: Vom Bodelschwingh-Haus?
G.: Ja, vom Bodelschwingh-Haus, ja.
J.: Wo hat es dir besser gefallen: In Dänemark, als du gearbeitet hast oder hier in Deutschland im LKH?
G.: Kein Unterschied, du.
J.: Kein Unterschied?
G.: Kein Unterschied. In Dänemark bin ich frei, hier bin ich nicht frei.
J.: Also du meinst, es ist kein Unterschied?
G.: Aber in Dänemark hab ich gearbeitet. Darum bin ich frei. Wenn ich nicht arbeite, bin ich nicht frei.
J.: Also doch ein gewisser Unterschied.
G.: Da war ein Unterschied.
J.: Weißt du, warum du ins LKH eingeliefert worden bist?

G.: Bier. In Kiel habe ich wieder viel Bier getrunken und da bin ich wieder eingeliefert worden.

J.: Dieter, hattest du in Dänemark getrunken, weil du Spaß am Trinken hattest oder weil dir irgend etwas fehlte?

G.: Der Mensch hat viele Probleme, du. Viele Probleme. Wenn er Probleme hat, geht er in die Wirtschaft und trinkt; er trinkt dann besser, nicht?

J.: Welche Probleme hattest du?

G.: Ja, das ist der ... menschliche Aushalt ... ist nicht zum Aushalten, du. Der Mensch kann es nicht mehr aushalten zuletzt. Er geht leichter auf'n Friedhof (lacht).

J.: Dieter, ich kenne deine Mentalität, du bist ein ...

G.: Schizophren bin ich auch ein bißchen ... ein ...

J.: Ein Mischling bist du.

G.: Das 'n bißchen, ja.

J.: Darum ...

G.: Hautfarbe ist gegen mich.

J.: Gegen dich hat grundsätzlich keiner etwas. Nur dieses Interview hat gewisse Schwierigkeiten, weil du hin und her läufst.

G.: Da mußt du umherlaufen.

J.: Dieter, sag mal: deine Mutter war eine Deutsche?

G.: Die war Deutsche. Ich bin deutsches Weltgenie.

J.: Kannst du mir sagen, wer dein Vater war?

G.: Mein Vater war in Amerika.

J.: Wieso?

G.: Er war Mischling, Neger.

J.: Dein Vater war also aus Amerika.

G.: Er war nicht aus'n Urwald. Er war aus Amerika ... Das ist genau dasselbe beinah (lacht).

J.: Also ein ...

G.: Neger.

J.: Besatzungssoldat?

G: Besatzung, ja.

J.: Hast du deinen Vater jemals gesehen?

G.: Mein Vater hab ich niemals gesehen, du.

J.: Wie findest du das, daß dein Vater sich nicht um dich geküm-

mert hat?
G.: Daß ich selber Neger ... Darum will ich mein Vater ... nichts wissen davon. Darum will ich nicht.
J.: Noch mal. Wiederhole es.
G.: Ich habe mein Vater nicht gelitten, ich habe meine Mutter gelitten («gelitten» ist als «leiden gemocht» zu verstehen; Anm. d. Red.). Mutter ist weiß, mußt du da mal wissen.
J.: Lebt deine Mutter noch?
G.: Die ist krank oder ...
J.: Lebt sie noch?
G.: Ja, nee; die ist alt, die ist 50 Jahr.
J.: Wie alt bist du jetzt?
G.: Jetzt bin ich 33.
J.: Dann muß sie etwas älter sein.
G.: 60?
J.: Ja, ich weiß es nicht. Hast du, nachdem du nach Dänemark kamst, mit ihr Kontakt gehabt?
G.: Ich hab kein ... Meine Mutter habe ich niemals mehr gesehen.
J.: Wollte deine Mutter dich nicht mehr sehen?
G.: Wir waren Arme, wir zwei. Meine Mutter war arm, wir waren nicht reich.
J.: Das ist keine Schande.
G.: Ich bin selber Millionär.
J.: Inwiefern?
G.: Ja, 2–3 Trillionen, 2 Billionen. Das ist das. Das ist auf der Bank, das ganze Geld, du. Ich bin ein Genie!
J.: Dann wundert es mich, daß du hier bist.
G.: Ja, was soll ich denn sonst machen?
J.: Wenn du doch Millionär bist?
G.: Ja. Hier kriege ich viel ab. Ich kriege hier viel.
J.: Hmm. Deine Mutter wollte also nichts mehr von dir wissen.
G: Die wollte nichts mehr von mir wissen.
J.: Warum nicht?
G.: Ich bin Neger. Ich bin Neger, darum will sie nichts wissen davon.
J.: Aber sie hat sich doch mit einem Neger eingelassen.

G.: Ja. Aber ... Das ist meine Genialität, die sie nicht gelitten hat.
J.: Dieter, du bist nun seit fast 11 Jahren im LKH-Schleswig. Wie ist dein Eindruck?
G.: Mein Eindruck in Schleswig ist ganz gut. In Schleswig hab ich es besser als in Nürnberg. Ich will in Schleswig bleiben.
J.: Du willst in Schleswig bleiben? In der Anstalt?
G.: Nee, für immer nicht. Nur in 5 Jahren hier, dann möcht ich ein Haus haben ... Ein Haus! ... Hunderttausend!
J.: Ja gut. Jeder wünscht sich ein Haus. Dieter, warum willst du unbedingt ein Haus haben?
G.: Haus ist besser als die Wand dort. Die Wand ist nix wert. Ein Haus ist besser. Hauswände sind besser.
J.: Kannst du mir erklären, wie du das Haus bezahlen willst?
G.: Von meinem genialen Verstand. Ich bin ein Genie.
J.: Du bist also ein Genie.
G.: Schizophrenes Genie. Höherer Grad.
J.: In welcher Form bitte?
G.: Schizophrenes Genie (lacht).
J.: Kennst du eine bekannte Persönlichkeit, die die gleiche Intelligenz hat wie du?
G.: Keinen. Ich bin der einzige, der diese Intelligenz hat, so!
J.: Der einzige. Und trotzdem bist du, praktisch gesagt, in der Klapsmühle.
G.: Ja, das nützt ja nix ... Immer ... damit ich ein Genie bin ... dann bin ich in der Klapsmühle, weil ich ein ... Ich bin gemeingefährlich draußen. Zur Zeit laufe ich als Affe umher. Affe war ich auch immer früher. Da gingen sie immer alle weg, die anderen. (lacht)
J.: Wie war deine Affenzeit?
G.: Das war ein Gorilla.
J.: Verstehen sich Affen besser untereinander als Menschen?
G.: Affen? Menschen verstehen sich besser.
J.: Menschen?
G.: Ja, aber ich bin ein komischer Gorilla. Ich bin aggressiv. Ein aggressiver Gorilla. Das ist gewaltig. Mit Gewalt will ich das Haus haben, mit Macht. Dieter Galsterer hat die Macht! (lacht)

J.: Dieter Galsterer hat die Macht?
G.: Ich bin ein Teufelsgenie, und dann bleibe ich ein Teufelsgenie.
J.: Genies leben ja meistens außerhalb der Mauern.
G.: Bei den Genies bin ich nicht. Ich bin hier, außerhalb und innerhalb.
J.: Genies, die draußen leben ...
G.: Nix, du, ich habe die Macht über alle Genies.
J.: Sokrates und Albert Einstein?
G.: Einstein auch.
J.: Die sind also gegen dich gar nichts?
G.: Gar nix sind die.
J.: Dieter, hast du schon mal bewiesen, daß du der größte bist?
G.: Ich bin ein Clown-Genie.
J.: Möchtest du im Zirkus auftreten?
G.: Zirkus? Ist nicht gut genug für Clown-Genie. Was ist ein Genie eigentlich?
J.: Du, diese Frage, Dieter, überlasse ich dir.
G.: Ein Genie ist hoch intelligent.
J.: Hältst du dich für hoch intelligent?
G.: Ja.
J.: Hast du es schon bewiesen?
G.: Ja. Meine Art habe ich gerade ausgesprochen.
J.: Es ist eine seltsame Art. Fühlst du dich zu Höherem berufen?
G.: Ja, ich bin Gott. Ich bin der deutsche Gott ... Weltgenie ... Jehova und Mummedali und alle seine Götter.
J.: Dieter, hast du im LKH hier viel Medizin bekommen?
G.: Ja, bis jetzt schon. Das ist 3 Tage her, da wurde es abgesetzt.
J.: Nein, ich meine vorher.
G.: Vorher hab ich viel gekriegt. Aber das war gute Medizin.
J.: Welche Medizin war es?
G.: Haloperidol[1] und Atosil[2].
J.: Sonst nichts?
G.: Dapotum[3], wa?
J.: Wie hast du dich nach Dapotum gefühlt?

1, 2, 3 – Psychopharmaka

G.: Das ist kein gutes Medizin. Wie ein Hund.
J.: Hast du in den letzten Jahren im LKH Ärzte gehabt, die sich um dich gekümmert haben?
G.: Ich hab kein Arzt für kümmern.
J.: Keiner hat sich um dich gekümmert?
G.: Nein. Ich will keine Bekümmerung haben. Ich bin alleine und habe es gut.
J.: Du willst allein bleiben? Warum?
G.: Ich will allein bleiben für immer. Weil ich der einzige bin, der Gott ist. Die Menschen sind krank von mich. Ich hab sie krank gemacht.
J.: Dann mußt du sie doch auch wieder heilen.
G.: Wenn ich gut bin, dann heile ich die. Wenn ich nicht gut bin, dann heilen die nicht. Ich muß die heilen. Aber es geht immer wieder schief für mich. Darum heile ich nicht ... Ich bin ein bißchen Chef.
J.: Also, du bist der Chef.
G.: Ich bin Chef, ja. Ich bestimme die Lage in mich selber, oder?
J.: Du sagtest, du bist schizophren.
G.: Ja, schizophrenes Genie.
J.: Das kann man an diesem Interview merken.
G.: Ja, kann man merken.
J.: Was hältst du von der augenblicklichen Lage auf der Station fünf?
G.: Die Station ist tot.
J.: Aber die Menschen, die hier sind, die leben doch.
G.: Ach, lebst du. Lebst du oder bist du auch nur geführt?
J.: Zum Teil ja. Dieter, woran merkst du, daß du ein Genie bist?
G.: An mein Übermaß an Intelligenz. Genies sind gebunden zur Normalheit. Das Werk ist vollendet.

Sackgassen

Werner verlor sich auch allmählich selbst, war vielleicht in ähnlichen Zuständen wie Dieter Galsterer, weil er seine Identität nicht fand, nicht bestätigt wurde. Werner griff nach einer fatalen Lösung – Selbstmord.

Viele psychiatrische Patienten wählen diese zerstörerische Möglichkeit, werfen sich weg, weil sie sich wie der letzte Dreck vorkommen.

Andere versuchen, sich auf anderen Wegen auszulöschen – indem sie sich zum Beispiel unter dem Tisch verkriechen und die Zimmertüre verschließen, niemanden an sich heranlassen. Damit ist natürlich auch jede Möglichkeit weg, das zu bekommen, was man braucht – einen Freund oder eine Freundin, eine Person, die einem etwas bedeutet und für die man etwas bedeutet.

Wer Anerkennung braucht, kann sie nicht in der Isolation finden – das leuchtet ein. Und trotzdem werden Jahr für Jahr Tausende in die Klapsmühlen gesteckt und von allen und allem isoliert, was ihnen helfen könnte. Die Traurigkeit, die sie dann (natürlich auch außerhalb der psychiatrischen Anstalten) erfaßt, kann so weit führen, daß sie total verspannt und bewegungsunfähig werden (Katatonie nennt man dieses Irresein und den schlimmsten Zustand der völligen Regungslosigkeit: Stupor).

Auch der umgekehrte Weg führt eigentlich hin zur Selbstzerstörung; zur Hektik und Manie. Derjenige, der da in seiner Seele an den Beziehungen zu andern und sich selbst leidet, glaubt dann manchmal, im Gestrüpp dieser Beziehungen etwas übersehen zu haben, das des Pudels Kern beinhaltet und ihm ein glückliches Leben ermöglicht. Er glaubt z. B., daß man ihn mit Sendern foltert, und will diese Sender finden, die ihn unglücklich machen. Oder er stellt sich vor, er wäre jemand anders, jemand womöglich, der über alles erhaben und unangreifbar ist, der nicht dieser kleine mickrige Kerl ist, der er glaubt, in seinem Alltag zu sein, sondern beispiels-

weise Napoleon oder Mozart oder Karl Marx oder schlicht und einfach wie Dieter G. ein «Genie».
Und dann gibt es die, die sich dadurch aufgeben, daß sie resignieren. Die glauben, daß sie es allem und jedem recht machen müssen und auf alles, was auf sie zukommt, buchstabengetreu reagieren. Wie die überangepaßten Rekruten beim Barras, die sich nicht mehr trauen zu fragen, was wichtig und was unwichtig ist, die jeden Befehl und jede Aufforderung befolgen. (Gemeinhin gilt so etwas als dumm und blöd. Ob es das ist, das ist die Frage.)
Diese Liste läßt sich fortsetzen. Ob da nun jemand sich selbst nicht erlaubt, z. B. sexuell so zu sein, wie er ist und sich total verklemmt; ob jemand bei Leistungsstreß anfängt, sich gar nichts mehr zuzutrauen, und dann auf der anderen Seite doch wieder tolle Leistungen erbringen will; ob jemand unabhängig sein will, das aber nie gelernt hat und sich immer ganz eng an Menschen anbindet; ob jemand, der Trauer, Schmerz, Angst und Aggressionen in sich trägt, sich nicht traut, die zu zeigen, weil er dafür immer einen Deckel überbekommen hat und sich deshalb mit Drogen tröstet; ob jemand, der unzufrieden mit seinem Leben als Hausfrau ist, nicht versucht, das zu verändern, weil er ständig allen vorspielt, es sei alles bestens; oder ob jemand, weil in unserer Gesellschaft nur die Jugend zählt, in der fatalen Lage steckt, Angst vor dem Altern zu haben, panische Angst, gegen die er aber auch rein gar nichts unternehmen kann – all das sind beste Voraussetzungen für die Irrwege und das Irren. Und sobald dann diese Wege beschritten werden, wird es ungeheuer schwierig, sie wieder zu verlassen – das hatten wir ja schon, die Sache mit dem Räderwerk.

Hedwig (29)

Da erhebt sich natürlich die Frage: Was tun? Bei denen, die schon irre sind, bei denen, die es gerade werden und auch bei denen, die nur ein bißchen betroffen sind.

Für Irre hat die Gesellschaft seit zwei Jahrhunderten ein probates Mittelchen – die Irrenanstalt, das Nervensanatorium, volkstümlich: die Klapse.
Wir haben schon oben angedeutet, daß wir sie nicht für den besten Ort halten, um beziehungsgestörten Menschen zu helfen. Und es existieren auch große Mengen von Horrorstories über die Anstalten und ihre Praktiken. Die meisten von ihnen dürften der Wahrheit entsprechen, glauben wir.
Es wurden auch schon dicke Bücher darüber geschrieben. Wir haben Hedwig ans Mikrofon gebeten. Sie kam zu uns – mit der Straßenbahn. Sie wirkte auf uns sehr selbstsicher. Wir waren ziemlich überrascht. (Je mehr sie erzählte, um so überraschter wurden wir. Denn eigentlich ist so ziemlich alles in ihrem Leben geeignet, sie in Unsicherheit und Unselbständigkeit gehalten zu haben.)
Hedwig hat uns viel erzählt. Als sie einmal angefangen hatte, war sie kaum noch zu bremsen. Wir haben ihren Bericht in dieses Buch eingebaut, weil es ein prototypischer Weg ist, der mit ihr gegangen wurde. Ein Weg in die Irre. Gott sei Dank – ein Stück ist sie schon wieder raus.

Verhaltensgestört

Hedwig: «Das hat sehr früh angefangen. Ich hatte als Säugling 'ne Lungenentzündung, 'ne starke Lungenentzündung, und da war ich klinisch tot. Wenn man klinisch tot ist, dann ist die Blutzufuhr im Gehirn abgeschnitten, und es bestand der Verdacht, ich hätte einen geistigen Knacks. Das hat man gedacht. Ich war also nicht ansprechbar als Kind. Meine Mutter beschwerte sich dann bei den Ärzten darüber, daß ihr Kind nicht ganz richtig sei. Sie sagte immer: ‹Ich kann mir nicht helfen, aber der Kontakt zu meinem Kind stimmt nicht.› Aus Erzählungen weiß ich, daß meine Mutter sagte: ‹An dich kam ich nie richtig heran.› Meine Mutter will auch nicht so detailliert darüber reden, das belastet sie auch sehr.
Richtig los ging es erst – daß die Störung richtig auftrat – als ich als Kind gefordert wurde, sprechen lernen sollte, später dann auch zur Schule gehen und pipapo ... Da, sagt meine Mutter, habe sie mich immer wegbringen müssen, weil ich mich im Schrank versteckt

hatte und unterm Bett und mich meine Mutter tagelang nicht gefunden hat – dolle Sachen, nicht? So landläufig verhaltensgestört. Meine Mutter brachte mich dann immer weg. Der Arzt, der kam, sagte: ‹Da müssen wir jetzt mal was machen. Wir müssen ihr Kind mal wegbringen.›
Aber was mit mir los war, hat er ihr nicht sagen können.»

Kontrakturen
«Statt dessen hat meine Mutter laufend Briefe gekriegt, daß sie bestimmte Dinge unterschreiben sollte, womit sie einverstanden sein sollte. Und da sie davon nichts versteht, hat sie es unterschrieben. Darunter stand immer: ‹Dies geschieht zum Wohle ihres Kindes.› – Sie ist da richtig erpreßt worden. Es ist gesagt worden, wenn sie nicht unterschreiben würde, hätte sie die Folgen zu tragen. Sie sollte unterschreiben, daß die Ärzte bestimmte Sachen machen durften mit mir. Wenn der stationäre Aufenthalt nicht erforderlich war, war ich immer bei meiner Mutter zu Hause. Ich war dann ambulant, sie mußte mich dann bringen und so. Meine Mutter sagt, ich hätte da immer fürchterlich angefangen zu schreien – über Stunden, über Tage, und wenn das so weit war, dann mußte sie mich ja total wegbringen. Die Nachbarn klopften und sagten: ‹Prügeln Sie Ihr Kind? Was ist denn los?› Das ging dann nicht mehr.»
Hedwig kam immer länger in Anstalt und Heim. Schließlich über Jahre.

Der Doktor: «Nach den heutigen wissenschaftlichen Erkenntnissen sagt man ja nichts Neues, wenn man behauptet, daß Kinder, die in Anstalten aufwachsen, motorisch und von den Sozialkontakten her weitaus weniger entwickelt sind als Kinder, die bei ihren Bezugspersonen aufwachsen. Wenn ich heute die 16-, 17jährigen in den Betten liegen sehe mit ihren Kontrakturen[1] und Krümmungen, und wenn man sich die Krankengeschichten durchliest, denke ich: ‹Das kann ja gar nicht anders sein. Daß die heute Kontrakturen haben und nicht laufen können, ist eigentlich klar.›

1 Muskelverkürzung, Lähmung

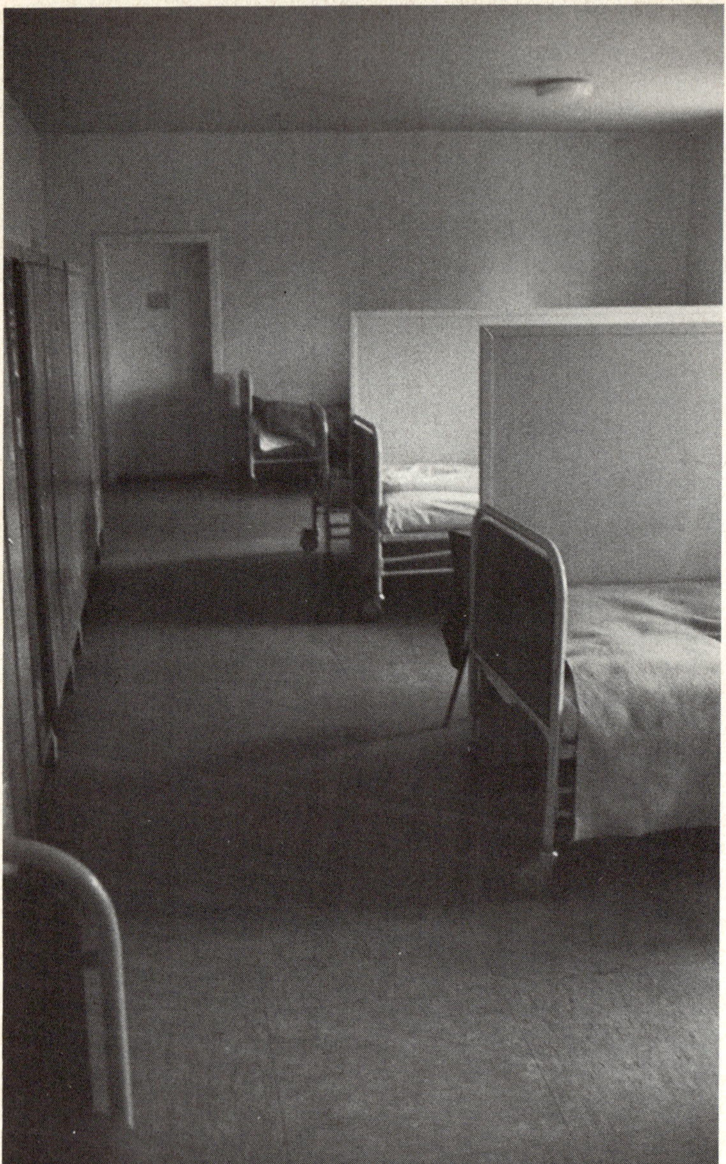

Sicherlich wird sich heute rausgeredet und es wird gesagt, es sei zentral bedingt ...
Und das ist es ja auch wirklich, ich merk ja auch immer, daß ich mich da rausrede, wenn jetzt eine Mutter kommt und mir berichtet von ihrem Kind, das wirklich nichts mehr tut, das nur noch im Bett kniet, soziale Kontakte abwehrt, nichts tut, als seine Hand zu reiben, die Beine sind schon atrophiert (geschrumpft). Es hat schon Kontrakturen in den Gelenken und schon wenn man es aus dem Bett raushebt, fängt es an zu schreien, ist jetzt neunzehn und ziemlich dick und macht nichts mehr. Und die Mutter erzählt mir, als sie es hingebracht hat, ist es noch an der Hand gelaufen und hat ‹Mama› und ‹Papa› gesagt mit vier Jahren. Was soll ich da denn sagen? Ich kann ihr natürlich jetzt die Wahrheit sagen. Ich kann ihr sagen: ‹Ja, hätten Sie das mal lieber nicht getan. Dann wäre das vielleicht heute ein Kind, das zur Geistig-Behinderten-Schule gehen würde. Es würde Mehrwortsätze sprechen, sich alleine waschen und aufs Klo gehen.›

Aber dann mach ich der Mutter ein schlechtes Gewissen. Ja. Und abgesehen davon, ist das auch nicht erwiesen. Ich kann den Gegenbeweis nicht antreten, daß es so gekommen wäre. Also sage ich: ‹Es kommt sicherlich viel zusammen.›
So rede ich mich raus. Obwohl ich der Meinung bin, daß das Kind so geworden ist, weil es in der Anstalt ist. Und daß es ganz anders aussehen würde, wenn es nicht da gewesen wäre.»

Zwei Elektroschocks

Hedwig: «Was man mit mir in der Kindheit so alles gemacht hat, das weiß ich gar nicht so richtig. Meine Mutter erzählte mir, daß man mal zwei Elektroschocks gemacht hätte, sehr kräftig waren die. Sie hatte das unterschreiben müssen.»

Der amerikanische Psychiater P. R. Breggin in seinem Buch «Elektroschock ist keine Therapie» (1980) zum Elektroschock:
1. Die Behandlung führt bei Tieren häufig zu irreversiblen (nicht mehr zu beseitigenden) Hirnschädigungen. Auch Autopsiebefunde

und Hirnstromuntersuchen bei Menschen belegen in vielen Fällen bleibende Hirnschädigungen.

2. Einige Untersuchungen ergeben eine Sterberate von 1 : 1000 bei den behandelten Patienten. Bei besonderen Risikogruppen, z. B. bei älteren Menschen und bei Patienten mit Erkrankungen des Kreislauf-, Atmungs- und Zentralnervensystems, ist die Sterbeziffer wesentlich höher.

3. Zu Beginn der Behandlung verliert der Patient seine geistig-seelischen Fähigkeiten vollständig und leidet unter schweren Angstzuständen und emotionaler Verwirrung. Starke Kopfschmerzen und Alpträume können über längere Zeit anhalten.

4. Die Behandlung verursacht in allen Fällen einige bleibende Gedächtnislücken, die sich vor allem auf die Zeit um die Behandlung beziehen. Viele Forschungsarbeiten und Fallberichte weisen erhebliche bleibende Ausfälle der Erinnerung an ganz persönliche Erlebnisse bei den meisten Patienten nach. In vielen Fällen beziehen sich diese Einbußen auf Monate oder Jahre zurückliegende Ereignisse. Auch andere Formen geistiger Funktionsstörungen können andauern.

5. Obwohl die EKT seit mehr als 40 Jahren angewandt wird, konnte ihre Wirksamkeit bei psychiatrischen Erkrankungen oder bei Suizidgefährdung nicht nachgewiesen werden.

6. Obwohl dieses Behandlungsverfahren seit langer Zeit benutzt wird, ist es stark umstritten, so daß viele Psychiater und psychiatrische Kliniken nie darauf zurückgreifen.

Zum Schluß seines Buches schreibt Breggin wörtlich: «Die Elektroschocktherapie schadet nicht nur dem Patienten, dem sie verordnet wird. Sie korrumpiert auch den Berufsstand, der sie gutheißt und verteidigt. In der ganzen Welt werden jedes Jahr Zehntausenden von Patienten massive Hirnschädigungen und irreversible geistig-seelische Störungen zugefügt. Die Psychiatrie lamentiert viel über ihre Unfähigkeit, Krankheiten zu heilen oder zu verhüten. Es liegt jedoch im Bereich ihrer Möglichkeiten, in vielen tausend Fällen Hirnschädigungen zu verhüten. Sie könnte das erreichen, wenn sie sich konsequent von der Anwendung der Elektrokonvulsionstherapie distanzierte.»

Letzte Woche in der Zelle

Hedwig: «Wie meine Mutter hinterher von Krankenschwestern erfahren hat, waren in diesen Krankenhäusern Zellen. Sie hat also erfahren: ‹Ja, die Hedwig war letzte Woche in der Zelle.›

Da sagte meine Mutter: ‹Das mit der Zelle, da bin ich überhaupt nicht gefragt worden.› Und da hat sie sich so eine Zelle mal zeigen lassen und hat dann unheimlich Rabatz gemacht und gesagt: ‹Also, das lasse ich mit meinem Kind nicht machen!›

Das war in Süchteln im Landeskrankenhaus. Ich bin dahin gekommen, weil ich andere Kinder, die etwas besser dran waren, nachts oder auch tagsüber störte. Und das Personal fühlte sich auch sehr gestört durch mich. Ich weiß das zum Glück nur aus Erzählungen. Wenn ich es richtig erinnern würde, dann wär das ja schlimm. Aber ich kann sagen, daß ich richtig voll weiß, was in Lemgo los war. Dort war ich nämlich teilweise sehr hell und hab auch sehr viel mitgekriegt. Sehr viel Schlimmes. Und ich muß sagen, es ist da, weil ich ja dann auf dem Wege der Besserung war, mit mir nicht mehr so viel Schlimmes gemacht worden wie mit den anderen.

Als ich in Lemgo war, das ist bei Bielefeld und eigentlich 'ne schöne Gegend, war ich zwischendurch immer noch zu Hause. Weg war ich immer mehrere Tage, manchmal Wochen und Monate. Meine Mutter wohnte damals schon in Bielefeld und dann später in Düsseldorf. Sie ist dann nach der Scheidung nach Düsseldorf gezogen. Wenn man damals in Süchteln nicht mehr so recht wußte, was man machen sollte, dann kam ich zur Venusberg-Klinik nach Bonn. Aber die war laufend besetzt.»

Auch 'ne Kostenfrage

Hedwig: «Das mit dem Besuch war auch eine Kostenfrage. Es gab eine Initiative von den einzelnen Krankenhäusern, die Wert darauf legten, daß der Kontakt zur Familie erhalten blieb. Die hatten beim überörtlichen Sozialträger, weil der örtliche immer abgelehnt hat, beantragt, die Hälfte, manchmal auch die gesamten Fahrkosten, zu bezahlen. Meine Mutter hat vom Landschaftsverband die erste Zeit das ganze Geld bekommen; da konnte sie jede Woche kommen. Damals war sie jedes Wochenende bei mir. Aus Düsseldorf. Von da

ist sie nach Süchteln gekommen. Sie hat dann im Ort in einer Pension gewohnt. Da war sie dann das ganze Wochenende bei mir. In Lemgo war das dann so, daß der Landschaftsverband auf einmal nur noch die Hälfte zahlte, und dann konnte meine Mutter nur noch einmal im Monat kommen, weil sie erst nach der Scheidung angefangen hat zu arbeiten. Während der zwei Ehen, die sie hinter sich hatte, hatte sie nie gearbeitet. Sie hat ihre Männer und ihre Kinder gepflegt. Dann war das hinterher so, daß meine Mutter überhaupt nicht mehr kommen konnte, weil diese Fahrten ganz gestrichen wurden vom Landschaftsverband. Darauf bildete sich dort eine Elterninitiative, die sagte: ‹Das lassen wir uns nicht gefallen; der Staat hat für alles mögliche Geld, selbst für den Vietnamkrieg haben die Geld. Verschleiert, an die Amerikaner, sind da Gelder gelaufen, wie das in der Zeitung stand, und für uns haben sie auf einmal kein Geld.›
Aber die Initiative hat keinen Erfolg gehabt. Der Landschaftsverband blieb dabei. Das Geld gab es nicht mehr. Und meine Mutter ... zu Hause konnte mich dann auch nicht behalten, weil das auch 'ne Kostenfrage war. Sie hatte nur ein Zimmer, und der Vermieter wollte nicht, daß ihr Kind länger dableibt. Sie mußte dann immer einen Antrag stellen beim Vermieter, wenn sie mich über die Feiertage oder im Urlaub zu Hause haben wollte. Dann wurde der Kontakt zu meiner Mutter so schlecht, weil sie ja nicht mehr kommen konnte. Und ich habe mich richtig entfernt von meiner Mutter. Ich habe damals auch nicht verstanden, daß das 'ne Kostenfrage war. Ich habe gedacht, die wollte mit mir nichts mehr am Hut haben. Da sie erheblich älter ist als ich, war danach auch die Verständigung sehr schwierig. Ich hab mich dann von meiner Mutter total zurückgezogen und gedacht, gut, dann ist es nicht mehr. Ich hatte dann auch so Ideen in der Richtung, daß es wohl besser ist, man läßt ... man schaut überhaupt keinen mehr an. Man schaut nur noch aus dem Fenster oder so.»

Das Singen der Vögel

«Ich muß sagen, in der Zeit war ich auch – wie der Volksmund so sagt – ein bißchen beschränkt im Kopf. Das einzige, was ich gut

fand, wenn ich ein bißchen raus war, das Singen der Vögel, das fand ich eigentlich sehr gut. Wir hatten so 'nen Pfad hinter dem Haus, alles Eichenbäume, die fand ich sehr schön. Und danach bin ich über 'nen Zaun gestiegen und habe mir Äpfel und Birnen und so etwas genommen, und der Besitzer, der Bauer, beschwerte sich dann in dem Krankenhaus und sagte: ‹Hier, die Kinder des Krankenhauses klauen mir das Obst weg, das ich auf dem Markt verkaufen will.›
Und die Krankenschwestern da waren sehr autoritär. Man kriegte voll einen rübergezogen, wenn man erwischt wurde.»

Das ist die Krankheit

«Also die Zustände in dem Krankenhaus waren teilweise katastrophal. Da hatte man keinerlei Dinge im Kopf mit Psychologie und Sozialpsychiatrie oder so etwas. Man schlug auf die Kinder ein, wenn sie gestört haben, und wunderte sich dann auch gar nicht, wenn die Kinder dann eines Tages gar nichts mehr wollten. Man sagte dann nur noch zu den Eltern: ‹Das ist die Krankheit, daß die Kinder keine Ansprüche mehr stellen.›
Ich dachte immer: ‹Bevor ich wieder verprügelt werde, will ich lieber nicht bemerkt werden. Wer nicht bemerkt wird, wird auch in Ruhe gelassen.›
Und ich meine, wenn man laufend für solche Sachen einen drauf kriegt und schon verprügelt wird, wenn man einen Apfel geklaut hat, dann stellt man an die Öffentlichkeit keine Forderungen mehr ...
Das einzige, woran ich dann hinterher sehr viel Freude gefunden habe, war die Schule. Denn die Lehrer, mit denen ich zu tun hatte, waren teilweise ganz anders, bis auf den Rektor. Der Rektor, das gibt es überhaupt nicht, der war so schlimm, der hat die Kinder reihenweise verprügelt. In den Umkleideräumen der Schwimmhalle gab es diese Saunaduschen, mit kaltem Wasser ... Mich hat er dort auch mal verprügelt, und da hab ich natürlich wie am Spieß geschrien, und da kam dann die Frau des Hausmeisters. Die rief dann um Hilfe bei den Lehrern. Und meine Lehrerin, die mich sehr schätzte, die mich auch sehr gern hatte und mit der ich auch guten

Kontakt hatte, die ist dann wirklich auf die Palme gegangen und hat gesagt: ‹Das machen wir nicht mehr mit.›
Der Rektor hat mehrere Verfahren bekommen wegen schwerer Körperverletzung – und wie ich gehört habe, ist der auch seine Berufsbezeichnung losgeworden.
In Lemgo war ich bis zu meinem sechzehnten Lebensjahr. Ich bin mit sieben Jahren eingeschult worden.»

Wirtschaftlich arbeiten ...

Der Doktor bestätigte uns, was man ohnehin in der Zeitung lesen kann, daß in der Anstaltserziehung unheimlich viele Schweinereien passieren, auch dann, wenn nicht solche Sadisten am Werke sind wie Hedwigs Rektor. Fast sieht es so aus, als ob das System der Anstaltserziehung darauf abzielt, den psychisch Leidenden das Rückgrat zu brechen.

Der Doktor: «Ich kann da mal von einem Fall erzählen. Da war eine 24jährige mit einer ganz schweren Beziehungsstörung auf einer Erwachsenenstation. Sie hat auch so eine richtige Anstalts- und Heimkarriere hinter sich mit häufigen Verlegungen und das war so: Weil sie tobte, kam sie in die Isolierkammer. Sie wurde also alleine in einen kleinen, kahlen Raum mit Bett eingesperrt. Unser Chef nennt das Ding ganz vornehm ‹time-out›, aber ich meine, es ist eine Isolierkammer, da hilft auch die hübsche Bezeichnung nichts. Die Frau ist in der Kammer und zerreißt alles. Sie ist also nackt in der Kammer, seit Monaten, wohlgemerkt. Und sobald man ihr ein Nachthemd gibt, ob es ein reißfestes ist oder nicht – man dreht sich kaum rum, schon reißt sie es kaputt. Dann sagt sie: ‹Doktor, Doktor, bitte ein neues Nachthemd.› Und dann sagt der Chef: ‹Gebt ihr ein Nachthemd›, aber gleich ist es wieder kaputt.
Der Chef: ‹Tun wir ihr wenigstens eine Matratze in den Raum, so eine mit Segeltuch und hartem Überzug.›

Und der Pfleger sagt: ‹Das nützt doch nichts›, aber er legt die Matratze rein. Am Abend ist die Matratze fein zerbröselt und liegt in einer Ecke.
Na ja, und das hat sich dann gesteigert. Sobald man die Frau aus der Kammer rausgeholt hat, hat sie angefangen, die Fensterscheiben zu zerschlagen, Sachen kaputtzumachen, Patienten anzugreifen, Personal anzugreifen. Da hat man sie wieder in die Kammer reingetan. Medikamente nützten bei ihr nichts mehr. Selbst höchstdosierte Zuteilungen der Tranquilantien[1] hat sie in die Tasche gesteckt, das ist die Gewöhnung. 600 mg Neurocil, normalerweise, wenn ich die dir spritze, dann schläfst du fünf Tage, aber sie hat das weggesteckt wie nichts. Man hat auch alles ausprobiert: hochpotente wie niederpotente Mittel, Valium in Dosen bis 30, 40, 50 mg. Das kostete sie ein müdes Lächeln; da legte sie sich nicht mal 'ne Minute für hin. Ja, und sie steigerte sich dann da rein.
In der letzten Zeit hat sie angefangen, mit Kot herumzuschmieren. Sie schmeißt ihre ganzen Exkremente an die Decke und an die Wände; alles stinkt wie sonst was. Und letztes Jahr im Frühjahr, es war kalt und die Heizung war ausgefallen, hat sie 'ne Lungenentzündung gekriegt. Da haben sie die Frau für eine Woche am Bett festgeschnallt, damit man sie überhaupt mal zudecken konnte. Nachdem man sie losschnallte, hat sie erst mal das ganze Bett kleingemacht, alles zerrissen, so wie vorher.
Ja, und der einzige Versuch, der mal gestartet worden ist – aus Eigeninitiative einer Lernschwester –, war, daß die Lernschwester sich mit ihr in eine Ecke zurückgezogen und mit ihr gemalt hat. Und in der Zeit war sie ruhig. Hat mitgemalt, wußte: die Lernschwester kommt. Das hat sie dann zwei , drei Monate gemacht, bis die Lernschwester ihre Zeit auf der Station um hatte. Danach hat keiner mehr mit der Frau gemalt, und da wurde es wieder wie vorher.
Das heißt: Eigentlich sind die Therapieschritte klar. Sie kann soziale Beziehungen aufnehmen, aber natürlich nur dann, wenn sie eine ganz spezifische Einzelbeschäftigung kriegt.

1 Psychopharmaka, Schlafmittel

Jetzt hast du vier Schwestern auf der Station und vierzig Patienten. Und es ist bei geistig Behinderten sicher, daß die am Modellverhalten lernen. Wenn du dich jetzt mit einer zurückziehst und malst, in einer Ecke vom Stationszimmer oder sonstwo, haben morgen zehn andere genau die gleiche Symptomatik und fangen an, ihre Sachen zu zerreißen, Schwestern anzugreifen, so lange bis einer mit ihnen malt.
Also sagen die Schwestern: ‹Das machen wir nicht. Wir sind ja nicht blöd. Heute haben wir nur eine, gut, die ist in der Kammer. Aber wenn wir jetzt mit der was machen, haben wir morgen zehn, die wir in die Kammer stecken müssen, und das schaffen wir nicht.›
Also lassen sie es bleiben und lassen sie in der Kammer. Die notwendige Folge wäre eigentlich, daß man entsprechende Therapeuten und mehr Personal einstellt, daß man ein einzelnes Zimmer zur Verfügung stellt, wo die beiden sich tagtäglich zurückziehen können. Aber dafür ist kein Personal da. Und woran liegt es, daß kein Personal da ist? Am Pflegesatz. Und woran liegt es, daß der Pflegesatz so tief ist?
Das ist das eigentliche Problem und das kann man nicht den Schwestern anlasten.»

Eine Krankenschwesternschülerin aus einem normalen Krankenhaus erzählt von einem ganz «normalen» Tag:
«Es ist 6 Uhr. Unser Dienst beginnt, und wir sind alle gut gelaunt. Am Wochenende war es einigermaßen ruhig auf der Station. In der Nacht hat es drei Neuaufnahmen gegeben. Jetzt sind es sieben Patienten, die wir zu betreuen haben, und wir sind zu dritt. Bei einer Tasse Kaffee unterhalten wir uns über die neuen Patienten. Ob wir um 6 Uhr oder um 6.15 Uhr anfangen – so richtig schaffen wir es sowieso nicht. Außerdem, wenn wir erst einmal begonnen haben, dann bleibt keine Zeit mehr für ein Gespräch unter Kollegen. Ich denke über die Neuaufnahmen nach. Eine Patientin mit Tablettenvergiftung, ein Alkoholiker im Delir.
Wir beginnen mit der Grundpflege. Wenn ich so arbeiten könnte, wie ich es in der Schule gelernt habe – aber heute geht es wirklich nicht! Ich sträube mich zwar mit Haut und Haaren dagegen – aber

bis 7.15 Uhr, spätestens 7.30 Uhr müssen wir fertig sein, sonst gerät alles durcheinander – also nur ‹abwaschen›. Der Alkoholiker sieht aus, als hätte er schon einige Wochen kein Wasser mehr gesehen; da benötigen wir viel Zeit für die Körperpflege. Ich denke darüber nach, weshalb er wohl trinkt; vielleicht schlägt er seine Frau; jetzt liegt er hier, angegurtet, lallend und nach Distraneurin[1] riechend.

Ich weiß nicht, ob ich Mitleid mit ihm haben soll oder ob er selbst schuld an seinem Zustand ist. Wer weiß, was ihn so kaputt gemacht hat, die Schichtarbeit, Eheprobleme, finanzielle Probleme ...? Unsere einzige Hilfe für ihn ist, ihn aus seinem nicht ungefährlichen Delirium wieder herauszuholen, damit er wieder bei vollem Bewußtsein ist – und dann?

Bis zur Visite um 8.30 Uhr gibt es ein lautloses Gehetze von uns dreien: Blutdruck, Blutzucker, EKG, Blutabnahme, Kurven schreiben und dann immer wieder ein Blick auf die Uhr. Mundpflege – schaffen wir nicht und Rasieren – am besten nach dem Frühstück.

Visite. Zehn weiße Herren rauschen ins erste Zimmer – wir stehen bereit mit Kurven und gehen von Bett zu Bett. Für den Patienten muß es bedrohlich sein, wenn alle um das Bett herumstehen und auf die Kurve starren. Es ärgert mich, daß viele Ärzte meinen, immer alles auf einen Blick sehen zu können. Oft fragen sie weder uns, noch den Patienten nach dessen Zustand. Das EKG vom Morgen und ein Laborwert verraten ja alles viel besser.

Der Patient im Delir bäumt sich auf – ein Schuß Distra, jetzt schläft er wieder. Wir gehen ins Zimmer der Patientin mit Tablettenvergiftung. Der Chef fragt die Patientin freundlich, warum sie Tabletten genommen hat. Ängstlich schaut sie in die Runde – alle starren sie an. Ich schiebe mich leise an der weißen Mauer entlang und lege, am Kopfende des Bettes angelangt, meine Hand auf ihre Schulter. Ich will mich mit ihr verbünden gegen die Angst, die sie jetzt haben wird. Ich glaube kaum, daß sich jetzt jemand ehrlich für ihre Probleme interessiert, denn als auf die Frage nur ein leises Schluchzen

1 Psychopharmakon (macht abhängig)

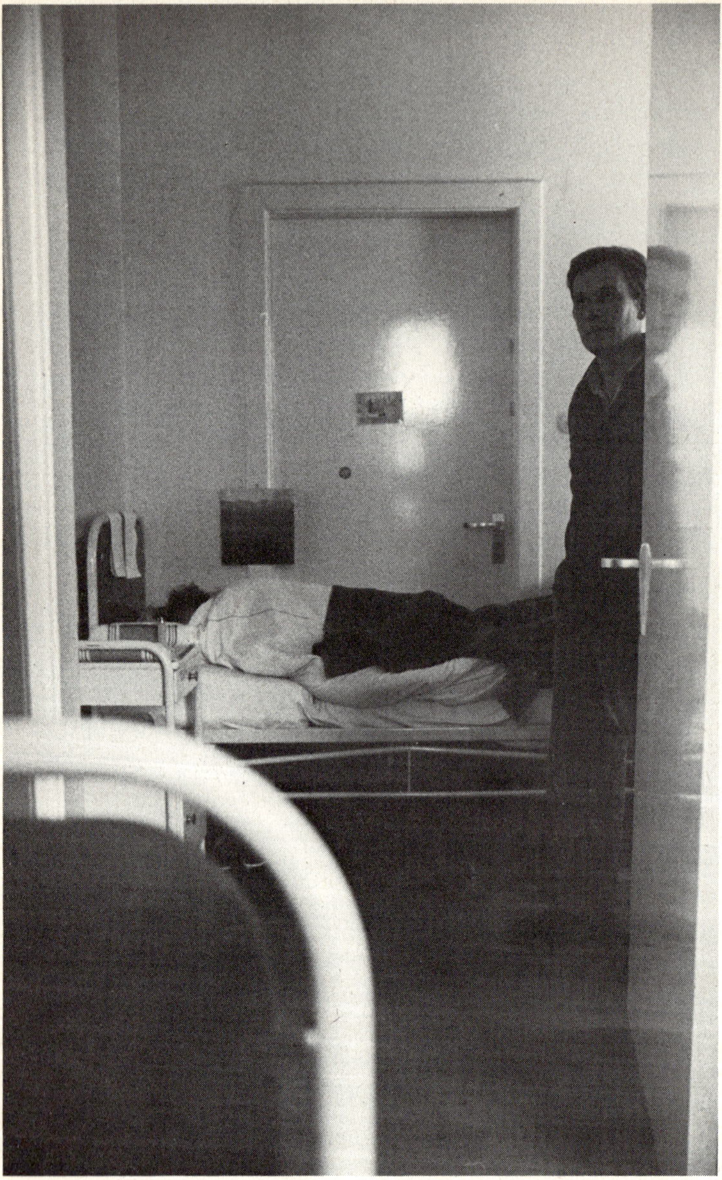

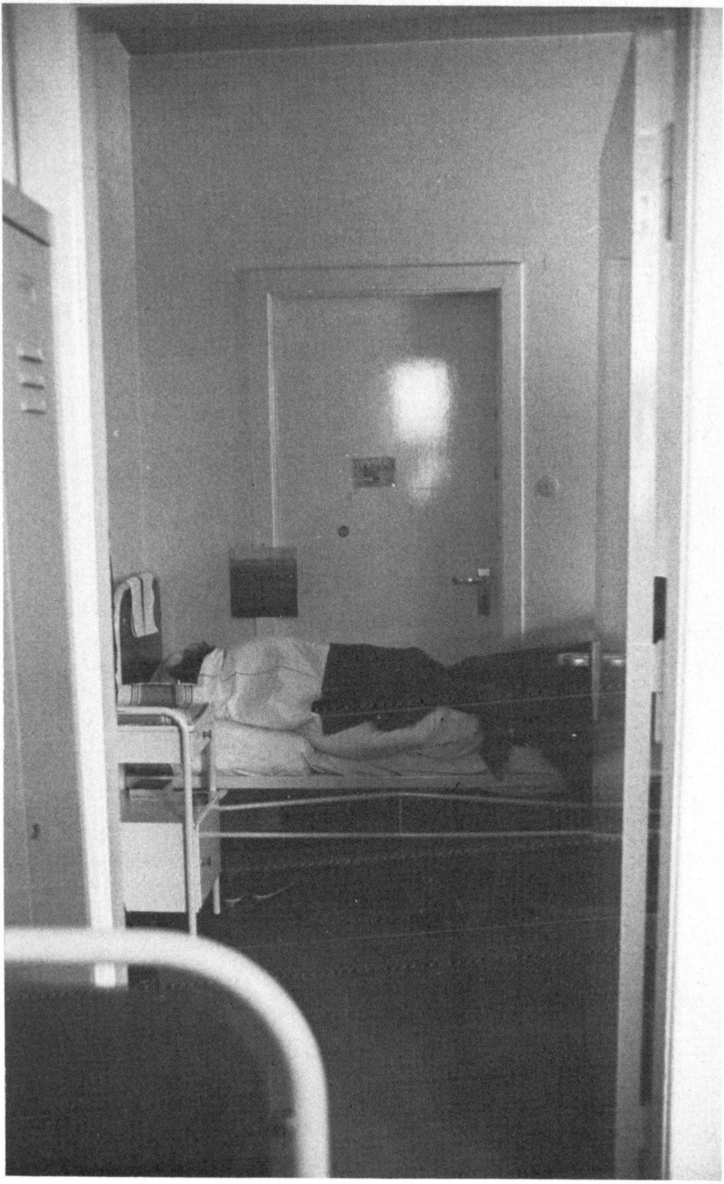

zu hören ist, bleibt keiner bei ihr außer den Schwestern. Ich will mit ihr reden, aber es rattert im Flur – der Essenswagen. Das geht vor. Beim Brötchenbelegen denke ich an die Ärzte. Sicher ist es nicht Böswilligkeit, wenn sie sich nicht weiter für die Patientin interessieren. Wie sollen sie es auch verkraften, wenn sie bei der Betreuung von Patienten mit Suizidversuchen immer wieder an die Grenzen stoßen, die durch ihren Beruf gesetzt sind. Trotzdem läuft es mir kalt über den Rücken bei dem Gedanken, wie routinemäßig hier ein Suizidversuch behandelt wird. Meistens sind wir genauso ratlos bei den vielen Problemen, die diese Patienten haben, wie sie selbst, nur – wir haben diese Probleme eben nicht. Sowohl wir als auch ein Arzt können zwar eine Magenspülung durchführen und noch ein paar tröstende Worte sprechen, aber damit ist noch nichts getan gegen die Ursachen der immer häufiger werdenden Suizidversuche in unserer Stadt.

Das Frühstück ist verteilt und wir haben eine kurze Verschnaufpause. Es schellt. Die Patientin ist unseres Erachtens am wenigsten krank und meldet sich zum x-ten Mal, als wolle sie uns schikanieren, dabei will sie nur jemanden haben, der sich um sie kümmert. Einen Augenblick lang hofft jeder, daß der andere aufsteht und ins Zimmer geht.

Ich habe mir am Beginn meiner Ausbildung vorgenommen, eine gute Schwester zu werden, ‹eins a›, die immer im Interesse des Patienten handelt, für alles und alle da ist. Aber ich wollte nicht ständig Akkord- und Fließbandarbeit machen.

Die Schwester ruft die Oberin an. Wir brauchen dringend Personal. Die Oberin sagt, sie könne es sich nicht aus den Rippen schneiden.

Es haben sich über tausend Interessenten zur Ausbildung an unserer Schule beworben in diesem Jahr. Nicht einmal 10% werden einen Ausbildungsplatz erhalten. Durch das Krankenhausfinanzierungsgesetz wird das Krankenhaus gezwungen, kostendeckend zu arbeiten; da muß Personal gespart werden. Es geht nicht darum, dem Patienten das zuzuführen, was er für seine Genesung benötigt, sondern um das, was ihn mit möglichst geringem Kostenaufwand einigermaßen wiederherstellt.

Bonn, den 8.1o.1979
Dr.See/Pic

AUSZUG AUS DER UNFALL-LISTE

Besondere Vorkommnisse und Verletzungen in der Abteilung 4, Gerontopsychiatrie, seit der Inbetriebnahme des Neubaus am 25.5.1979

1.	25.o5.1979	Frau T[redacted], mehrfach aus dem Bett gefallen, Hämatome und Prellungen
6.	5.o6.1979	Frau R[redacted], gestürzt, Radiusfraktur links.
13.	13.o6.1979	Frau R[redacted], gestürzt, Oberschenkelhalsfraktur, an deren Folgen gestorben.
16.	17.o6.1979	Frau K[redacted], gestürzt, Platzwunde am Kopf.
19.	23.o6.1979	Frau E[redacted], mit dem Rollstuhl umgefallen, Schürfwunden an der Hand.
23.	28.o6.1979	Frau M[redacted], gestürzt, Platzwunde am rechten Ellenbogen
24.	29.o6.1979	Frau M[redacted], gestürzt, Oberschenkelhalsfraktur, an deren Folgen gestorben.
25.	29.o6.1979	Frau A[redacted], aus dem Bett gefallen, fragliche Berstungsfraktur der Schädelkalotte.
42.	25.o7.1979	Herr A[redacted], gestürzt, Oberschenkelhalsfraktur, an deren Folgen gestorben.
44.	27.o7.1979	Frau S[redacted], gestürzt, Frakturen der 1o. und 11. Rippe links.
5o.	5.o8.1979	Herr H[redacted], aus dem Bett gefallen, stark blutende Kopfplatzwunde.
61.	22.o8.1979	Frau G[redacted], Kaliumpermanganat getrunken.
7o	6.o9.1979	Frau S[redacted], gestürzt, Schädelfraktur.
77.	18.o9.1979	Frau R[redacted], aus dem Bett gefallen, Oberschenkelhalsfraktur.
78.	2o.o9.1979	Frau F[redacted], gestürzt, Frakturen der 9. und 1o. rechten Rippe.
82.	27.o9.1979	Herr S[redacted], aus dem Bett gefallen, Radiusfraktur; wenige Stunden später gestorben.
86.	29.o9.1979	Frau L[redacted], gestürzt, Oberschenkelhalsfraktur.
9o.	2.1o.1979	Frau B[redacted], Pril getrunken.

...

Auch Prellungen und Hämatome können ausgesprochen schmerzhaft sein und das Befinden des alten Menschen erheblich beeinträchtigen. Oberschenkelhalsfrakturen haben in der Mehrzahl der Fälle einen tödlichen Ausgang (s.o.). Zum Ausschluß oder zum Beweis einer Fraktur mußten viele Patienten geröntgt werden - eine für alte Menschen ebenfalls unangenehme Prozedur. Ferner waren bei allen Platzwunden Tetanusimpfungen erforderlich, größere Platzwunden mußten im Johannes-Hospital genäht werden.

Dr. Seelheim

Ich denke mir, ich kann es nicht schaffen, eine gute Krankenschwester zu werden in einem Land, das Krankheiten nach wirtschaftlichen Prinzipien, d. h. mit möglichst geringem Aufwand, heilen will. Ich kann keine gute Krankenschwester werden, solange uns nur die Zeit bleibt, die notwendigsten Dinge zu verrichten, in einer Situation, die uns zwingt, nur noch die Galle und die Tablettenintoxikation von Zimmer xy zu sehen und nicht den ganzen Menschen. Ein Land, in dem die Krankenkassenbeiträge immer weiter steigen und nun 7 Millionen DM dafür ausgegeben werden, Rationalisierungsmaßnahmen im Krankenhaus zu erarbeiten. Ich will nicht mitverantwortlich sein dafür, daß am Patienten wie an einer defekten Maschine herumrepariert wird und ich Handlanger bei den Einzelteilen bin. Und ich will nicht in einer Gesundheitsfabrik arbeiten!

Wenn wir, die wir noch in der Ausbildung sind, gute Schwestern und Pfleger werden wollen, dann müssen wir nicht nur Krankheitslehre und Krankenpflege erlernen. Wir müssen uns mit den Kollegen und Patienten auf den Stationen zusammentun; wir müssen es lernen, die Spaltung der Kollegen durch den so häufigen Konkurrenzkampf untereinander und unter den Schichten zu überwinden. Wir müssen uns zusammenschließen für bessere Arbeitsbedingungen, mehr Ausbildungsplätze und mehr Planstellen, damit psychosoziale Betreuung nicht eine Farce bleibt, damit Bedingungen geschaffen werden, die uns erlauben, im Interesse der Patienten zu handeln. Wir müssen uns gegen die Gesetze wenden, die die Krankenhäuser dazu zwingen, zu Fabriken zu werden!

Ich erinnere mich an einen Spruch bei einer ÖTV-Aktion zur ‹Humanität im Krankenhaus›: ‹Patienten sind nicht pflegeleicht, maschinenfest schon gar nicht!›

Stellen wir diejenigen, die für die Situation in den Krankenhäusern verantwortlich sind, zur Rede und wehren wir uns. Vielleicht können wir dann gute Schwestern und Pfleger werden.»

Was für das normale Krankenhaus Probleme schafft, führt in der Psychiatrie zu Katastrophen. Dies zeigt vorstehende Unfalliste, von Bonner LKH–Ärztinnen aufgestellt.

Hedwig: Vielleicht bin ich gar nicht so krank

Kinder sind Menschen

Hedwig wurde bestraft und nicht bestraft, behandelt und nicht behandelt. Auf jeden Fall – sie blieb in der Anstalt, immerzu, über Jahre. Das war ihr Zuhause. Ein schlimmes Zuhause.

Hedwig: «Was mir besonders aufgefallen ist: daß man nur analysiert hat, daß man an mich nicht herankam, ich also keinerlei Reaktionen zeigte. Die haben überhaupt keine Veränderung festgestellt, obwohl es die gab, zum Beispiel als ich in die Schule ging und sehr nette Lehrer hatte. Die kamen durchaus an mich heran. Nur bestimmte Personen, denen bin ich nun wirklich aus dem Weg gegangen, weil die immer angefangen haben, einen zu verprügeln. Oder meiner Mutter, die laufend ungewöhnliche Forderungen gestellt hat, die ich nicht erfüllen konnte.

Eine der Forderungen war, daß ich immer brav zu sein hatte und immer anhören sollte, was die Krankenschwestern sagten. Als ich darauf sagte: ‹Mutti, ich möchte da nicht so drauf hören, weil ich das, was die sagen, nicht so richtig finde. Ich möchte so wenig wie möglich mit denen zu tun haben, damit sie, wenn ich was falsch mache, nicht gleich wieder so losprügeln›, sagte meine Mutter immer: ‹Du bist nicht artig. Wenn du das und das nicht machst, dann bist du nicht brav. Ich höre von Schwester Sowieso, daß sie mit dir nichts anfangen kann. Du bist kein braves Kind.›

Ich mein, wie brav soll man denn noch sein? Daß man keine Reaktion mehr zeigt? Da herrschen auch die dollsten Vorstellungen darüber, wie wir eigentlich zu sein hätten. Als ich dann erwachsener wurde, haben die Lehrer mich bestärkt und gesagt: ‹Jeder Mensch hat das Recht, so lange er andere nicht sehr stört, sich so zu verhalten wie er will.›»

Doch nur manchmal konnte Hedwig sich so verhalten, wie sie wollte. Meist kriegte sie gleich anschließend einen drüber. Nur in der Schule war das anders.

Hedwig: «Frau H., bei der ich Sport und Kochen hatte, traf ich

immer an ihrem Wagen hinterm Hof. Ich setzte mich auf den Kühler. Ich fand den Wagen so schön, und die sagte dann immer zu mir: ‹Ja, Hedwig, warum bist du denn jetzt hier? Du bist ja ganz alleine. Warum machst du nicht das und das?›
Ich hab gesagt: ‹Frau H., ich kann das Leben in der Anstalt nicht mehr ertragen, das Hin und Her, diese Schreierei der Krankenschwestern und die Prügelei›, und dann sagte sie: ‹Erzähl doch mal.›
Daraufhin haben sich einige Lehrer zusammengesetzt und gesagt: ‹Das können wir eigentlich nicht verantworten. Wir haben den gleichen Arbeitgeber. Wir gehen dagegen vor.›
Und dann ist auch ein bißchen aufgeräumt worden, und die Schwestern, die das sehr schlimm gemacht haben, verschwanden dann. Die sind gekündigt worden.
Ich hab immer gedacht, was ist das für eine Welt, wo nur Schreierei ist. Ich kriegte richtige körperliche Schmerzen, wenn die Schule zu Ende war und ich wieder in die Anstalt mußte. Auf unserer Station waren wir dreißig. Im Alter von drei/vier bis sechzehn ...

Ich habe da auch schreckliches Elend gesehen. Von den Kindern, die ganz schlecht dran waren, habe ich mich zurückgezogen. Ich weiß, daß ich mich in den Waschraum oder auf die Terrasse zurückgezogen habe. Im Sommer bin ich draußen gewesen, die waren ja froh, wenn sie sich nicht viel um einen zu kümmern hatten.
Später, als ich größer war, haben sich die Lehrer dolle Sachen einfallen lassen, und sehr schöne Sachen. Die haben uns dann auch privat mitgenommen. Frau M. wohnte im Ort. Ich weiß, daß ich bei der Frau M. geputzt, Blumen gegossen, den Garten gemacht, ihre Mutter gepflegt habe und dafür schöne Sachen bekam – was zum Anziehen und einen Urlaub am Meer. Ich habe also wirklich schöne Sachen bekommen. Ich war heilfroh. Aber auch das hatte bei der Anstaltsleitung beantragt werden müssen. Frau M. hatte mich beantragt.
Da bin ich auch endlich mal gefragt worden, ob ich etwas will. Ich hab mich sehr gewundert über diese Form von Demokratie. Denn sonst bin ich ja nie gefragt worden, was ich will.
Ich fragte mich vorher immer: ‹Was erlauben die sich eigentlich,

gehören wir denen?› Ich habe dann die Lehrerin gefragt, ob das in ihrer Kindheit auch so war, daß man mit Kindern alles machen konnte. Und die meinte: ‹Nein, Kinder sind Menschen, die auch Rechte haben.›

Der Lehrerin habe ich immer alles erzählt; in deren Schrank bin ich nie gekrochen, vor der brauchte ich mich ja nicht zu verstecken. Ich war bis zum Schulabschluß in Lemgo und habe den Volksschulabschluß (Klasse 9) gemacht.»

Das seelische Wohl

Hedwig: «Ich bin danach zu meiner Mutter. Die wohnte immer noch alleine und versuchte mich nach ihren Vorstellungen zu erziehen. Das hieß, daß ich zu tun hatte, was sie wollte. Da ich das sowieso gewohnt war, habe ich das auch hingenommen und dazu geschwiegen. Na ja, das Verhältnis zu meiner Mutter ist sehr gestört. Ich weiß nicht, wie das wieder reparierbar ist, weil meine Mutter überhaupt nicht die Fähigkeit hat, zuzugeben, wenn sie einen Fehler gemacht hat.

Ich war im Lebensmitteleinzelhandel als Verkaufshilfe. Eine Lehre wollte meine Mutter nicht. Sie sagte: ‹Du sollst erst mal so arbeiten. Da wollen wir mal sehen, ob du das überhaupt durchhältst. Arbeite erst einmal so und verdiene ein bißchen.›

Sie wollte auch nicht, daß ich alleine zu Hause bin. Sie hatte die Vorstellung, daß ich dann dumme Sachen anstelle. Denn für meine Mutter bin ich nach wie vor noch geistig krank. Und heute benutzt sie dies, wenn sie sagt: ‹Na du hast sie sowieso nicht mehr alle›, als Verteidigung dafür, daß sie eigentlich recht hat.

Und ich hab auch nicht die Kraft und den Mut zu sagen: ‹Nun schau doch mal genau hin, was ich jetzt gesagt habe. Komm doch bloß nicht immer damit, ich hätte sie nicht mehr alle.›

Es gibt keine Diskussion in diesem Sinne zwischen mir und meiner Mutter. Meine Mutter hat immer recht. Und ich hab mich damit abgefunden. Die macht ja auch mal die Augen zu. Und ich bin ja auch nicht verheiratet mit ihr. Sie hat eine etwas ungewöhnliche Art, ihre Forderungen zu stellen, ist leider, teilweise, sehr unverschämt. Und merkt auch gar nicht, wo die Grenzen sind.

Ich hab z. B. die Forderung gestellt, daß ich auch gern Freunde hätte und abends raus möchte, aber ich mußte den Abend zu Hause verbringen. Sie sagte: ‹Ich hab dich die ganzen Jahre nicht gehabt. Jetzt bleibst du, nachdem du gearbeitet hast, abends zu Hause.›
Abends lief vor allem TV, was ich zuerst gar nicht so schlecht fand, denn in der Klinik hatte ich keines. Aber hinterher – muß ich sagen – stank mir das unheimlich, diese dauernde Berieselung mit TV. Und ich bin dann lieber in mein Bett gegangen. Was mir auch heute noch unheimlich stinkt ist, daß überhaupt kein Gespräch stattfindet. Daß nur so ganz allgemeine Sachen gesprochen werden: ‹Ja, was kochen wir denn? Was essen wir denn ...?›
Na ja, ich hab ja noch andere Familienangehörige, mit denen das viel besser geht. Ich bin ja in dem Sinn auf meine Mutter nicht angewiesen. Nur, die Mutter ist ja die Familienangehörige ersten Grades und von Natur her für bestimmte Dinge auch zuständig, z. B. für das seelische Wohl.»

Total durchgedreht

Hedwig: «Das ging so bis 1973 – sechs Jahre. Ich wollte Kindergärtnerin werden. Ich bin im Anerkennungsjahr krank geworden. Die Schule hatte ich hinter mir (Fachschule für Erzieher); zwei Jahre Schule. Dann bin ich sehr krank geworden. Erst neurologisch, später psychiatrisch.
Ich kriegte das, was ich als Kind oft hatte, was man heute unter der Fachbezeichnung ‹Depression› versteht. Das war so schlimm, daß ich den Mund nicht mehr aufkriegte. Ich bekam Depressionen, weil ich den Wunsch hatte, daß das mit meiner Mutter schön wird ... Aber es wurde ja nicht schön. Meine Mutter beschlagnahmte mich in der Richtung, daß ich zu tun hatte, was sie wollte. Außerdem waren da natürlich die Strapazen des Anerkennungsjahres. Das ging ja soweit, daß ich 'ne eigene Gruppe zu betreuen hatte, was eigentlich nur die Erzieher machten. Aber es war total unterbesetzt, und ich hatte über weite Strecken keine Vertretung und immer Dienst. Es war ein Kinderheim; ich wohnte auch da, hatte mein Zimmer da. Die Kinder im Heim habe ich sehr gut verstanden, die waren nämlich genauso schlecht dran wie ich damals. Das

waren Kinder, die niemand haben wollte, die waren auch psychisch krank ...

Ein halbes Jahr später – im siebten Monat des Anerkennungsjahres – habe ich dann Depressionen bekommen. Erst die Nervenschmerzen und dann Depressionen. Es waren Herz- und Rückenschmerzen. Kopfschmerzen habe ich nie gehabt, die kenne ich nicht. Die hatte ich nur, als mir in diesen Kliniken, in die ich gekommen bin, das Gehirnwasser entzogen wurde und hirnorganische Untersuchungen gemacht wurden. Danach kriegt jeder Kopfschmerzen ...
Ich bin erst in der Düsseldorfer Uniklinik behandelt worden, dann im Psychiatrischen Landeskrankenhaus Düsseldorf-Grafenberg. Ich war, wie man das so sagt, total durchgedreht, denn ich war sehr traurig darüber, daß das mit der Kindergärtnerin nicht geklappt hatte.
In Grafenberg war ich anfangs in der geschlossenen Abteilung. Die geschlossene Abteilung war von den Patienten her total überbelegt und von den Ärzten her total unterbelegt ...»

Zwangseingewiesen
Hedwig: «Nach Grafenberg bin ich zwangseingewiesen worden. Es war so, daß ich in meinem Zimmer, in dem Heim, nicht mehr aufgemacht habe. Ich war also tageweise verschwunden. Man ist dann in mein Zimmer eingebrochen und hat mich – wie mir erzählt wurde – sitzend unterm Schreibtisch gefunden. Es kann auch sein, daß ich die Depressionen gekriegt habe, weil ich zu der Zeit Aufputschmittel genommen habe, die mich wachhalten sollten.
Von den Ärzten wollte ich nichts wissen. Ich unterhielt mich nur mit den Patienten. Ich hab den Ärzten keine Antwort gegeben und gesagt: ‹Mein Gott, lassen Sie mich doch in Ruhe.› Zu einem Arzt habe ich gesagt: ‹Ich schenke ihnen keinen Blick, gehen Sie bloß zum Teufel ...›
An Therapie ist in Grafenberg nichts gemacht worden. Dafür waren auch keine Leute da. In Grafenberg habe ich regelrecht panische Zustände bekommen vor Angst und Durcheinandersein. Ich dach-

te, es würde alles wieder so schlimm, wie ich es als Kind erlebt hatte.
Nur es wurde anders schlimm, nämlich mit diesen Medikamenten. Denn wenn man erst mal soweit vergiftet ist, daß man niemanden mehr erkennt und wirklich den rechten Schuh nicht mehr vom linken unterscheiden kann, daß man sich noch nicht einmal richtig anziehen kann, daß man die einfachsten Sachen nicht mehr machen kann, das ist furchtbar. Wer da nicht schlimme Zustände kriegt, den möchte ich mal sehen, weil man ja auch nicht den Eindruck hat, daß das mal wieder aufhört.»

Zwangseinweisungen sind nicht selten in der Psychiatrie. Nach Schätzungen erfahrener Psychiater könnte den Patienten die Hälfte solcher Einweisungen erspart bleiben, wenn ihnen rund um die Uhr ein psychosoziales Versorgungsnetz zur Verfügung gestellt würde (und mehr dazu im Kapitel über «Gemeindenahe Psychiatrie»).
Manche Zwangseinweisungen sind sicher nötig, besonders, wenn der Betroffene sich oder anderen schlimmen Schaden zufügt. Viele Zwangseinweisungen könnten aber sicher bei entsprechender Zuwendung vermieden werden. Kommt der Patient erst mal in die Mühle, dann steckt er in einer unlösbaren Falle.

Der Doktor: «Wenn jemand bei der Einlieferung mit Nachdruck protestiert, bedeutet das, daß er sich in einer ‹Krise psychomotorischer Aufregung› befindet, und er wird deshalb ‹gebändigt›, d. h. angebunden, wodurch seine Erregung allerdings nur zunehmen kann. Wenn ein Langzeitinsasse stunden- oder tagelang eine gleichgültige, unbewegliche Haltung einnimmt oder sich zusammenkauert, wenn er unter eine Bank flüchtet und womöglich nach denen, die ihn stören, schlägt, ist er ein ‹Katatoniker[1]›, der verdient, in eine Abteilung für ‹schwere› Fälle gebracht zu werden ...
Wenn es stimmt, daß es in der Außengesellschaft zwischenmenschliche psychische Mechanismen gibt, durch die als ‹abnorm› oder

1 Katatonie – Krampfzustände der Muskulatur und Wahnideen, Spannungsirresein

‹wahnsinnig› beurteilte Verhaltensweisen hervorgerufen werden, dann kann man beobachten, daß in der Irrenanstalt diese Mechanismen noch aktiver und heftiger sind, während der Patient geringere Möglichkeiten hat, sich dagegen zu wehren.» (nach Jervis, S. 125f)

Das Prinzip: Man nimmt dem Patienten einen Teil der ihm möglichen freien Entscheidungen und weist ihn z. B. ein. Dadurch wird er auch tatsächlich unfreier und hilfloser. Weil er dann unfreier und hilfloser ist, erklärt man ihn womöglich noch für unzurechnungsfähig, entmündigt ihn. Auch dadurch wird er nicht kräftiger und gesünder. Man sagt immer: «Ich tue das, weil er, der Patient so, krank und psychisch leidend ist.» Und übersieht dabei, daß er vielleicht deshalb so krank und psychisch leidend ist, weil man das mit ihm macht. Die Folge einer solchen Behandlung kann eine Anstaltspsychose sein.

Der Doktor: «Eine Krankheit, die durch Apathie und Antriebslosigkeit charakterisiert wird, durch Unterwürfigkeit und allgemeine Interessenlosigkeit, die sich auch in einer typischen Körperhaltung ausdrückt – eine Patientin z. B. hält die Hände vor sich verschränkt, vergräbt sich hinter der Schürze, läßt die Schultern hängen und den Kopf nach vorne fallen. Der Gang ist schleppend. Die Bewegung des Beckens, der Hüfte und der Knie ist eingeschränkt, obwohl die körperliche Untersuchung die völlige Beweglichkeit dieser Gelenke beweist.» (nach Finzen 1974, S. 12f)

Fehlender Kontakt zur Außenwelt, erzwungene Untätigkeit, autoritäres Verhalten von Ärzten und Pflegern; Verlust von Freunden, persönlichem Besitz und Privatleben; Medikamente; die Anstaltsatmosphäre und mangelnde Zukunftsaussichten außerhalb der Anstalt werden als Gründe für diese Krankheit benannt, wenn sie überhaupt erwähnt wird. Im größten Teil der offiziellen, psychiatrischen Literatur wird so etwas wie ‹Anstaltspsychose› immer noch nicht erwähnt.

Medikamente

Hedwig: «In Grafenberg habe ich dann erlebt, daß ich mit Medikamenten fertiggemacht wurde. Ich finde es schlimm, daß man chemisch so verseucht wird, daß man nicht mehr weiß, was eigentlich zu einem gehört. Nicht nur, daß man durch die Benebelung und die Gewalt dieser Medikamente optisch nichts mehr erkennt, sondern bei mir war es so, daß ich glaubte, irgendwelche Körperteile gehörten nicht mehr zu mir oder wären austauschbar. Ich empfand eine totale Leere, und das ist was Schreckliches, wenn man glaubt, man hat nichts mehr im Kopf. Wenn man frei ist von Medikamenten, hat man die Dinge im Kopf, die man erlebt hat, oder die Dinge, die man beruflich macht, oder das, was man als Hobby macht. Man hat also jede Menge im Kopf. Wenn man aber diese psychiatrischen Mittel so stark bekommt, ist man ganz leer.

Haldol[1] hab ich in Düsseldorf-Grafenberg sehr viel bekommen. Die Nebenerscheinungen sind einfach gräßlich. Ich weiß nicht, ob du mal gehört hast, daß man da total steif wird. So steif, wie man nach außen hin ist, so steif ist man auch nach innen. Total verkrampft, auch im Kopf, so daß man die Augen nicht mehr richtig drehen kann. Was diese Mittel ja bewirken sollen und was die Ärzte immer sagen ist, daß es einem danach psychisch besser geht. In Wirklichkeit ging es mir aber psychisch schlechter und ich hatte die Angst: ‹Ja, mein Gott, bleibt das jetzt etwa so?›

Der wirkliche Hintergrund für diese Behandlung war, Ruhe zu bekommen auf der Station. Man lag nur apathisch im Bett. Damit zeigten sie, daß sie kein Interesse an uns hatten.»

Über Medikamenteneinsatz gibt es großen Streit in der Psychiatrie. Absolute Gegner und Befürworter stehen sich gegenüber.

Der Doktor: «Als die Mittel in den 50er Jahren massenhaft auf den Markt kamen, dachte man, das würde kausal, ursächlich gegen den Wahn wirken. Sie haben gedacht, sie behandeln damit die Krankheit. Das ist natürlich verrückt.»

1 Psychopharmakon

Viele Ärzte medikamentieren allerdings auch heute noch so, als würde die Störung mit den Medikamenten ursächlich behandelt. Andere sagen, man dürfe überhaupt keine Medikamente geben.

Der Doktor: «Man kann diese Frage nicht verabsolutieren, so aus dem Zusammenhang lösen. Man kann nicht sagen, derjenige, der sie gibt, ist ein Reaktionär und der sie nicht gibt, ist ein fortschrittlicher Mensch. Das ist natürlich Unsinn. Wer konkret mit psychisch Kranken arbeitet und auch die schwer psychisch Kranken nicht ausklammert und eine Vollbehandlung durchführt, der wird sehr schnell merken, daß Medikamente ein Bestandteil und auch ein Fortschritt in der psychiatrischen Behandlung sind. In allen Fällen von akuten psychischen Erkrankungen sind sie eine echte und notwendige Hilfe. Aber man muß sie auch wieder weglassen können.»

Das genau ist aber das Problem: Aus Bequemlichkeit, Unkenntnis und Personalmangel werden in vielen psychiatrischen Krankenhäusern – das ist kein Geheimnis – viel zu viel Medikamente gegeben. Und dann nützen sie nicht, sondern schaden den Patienten. Das führt bis hin zur Abhängigkeit von diesen Medikamenten.

Der Doktor: «Wir schaffen uns natürlich auch Abhängige. Es steht zwar nirgendwo, daß Neuroleptika[1] abhängig machen. Aber kein Psychiater wird sagen, daß es nach dem Absetzen von Neuroleptika nicht auch Entzugserscheinungen gibt. Im Gegenteil, es ist erwiesen, daß erhebliche Entzugserscheinungen auftreten. Da gibt es z. B. Hyperkinesen (Muskelzuckungen), diese athetoiden[2] Bewegungen bei Kindern und Jugendlichen, die man im Anstaltsleben häufig beobachten kann. Parkinson[3] und ähnliche ausfahrende Bewegungen, die dann zwar oft in einem ganzen Behinderungszu-

1 Neuroleptika – Psychopharmaka mit dämpfender Wirkung
2 athetoide Bewegungen – langsame, unwillkürliche Bewegungen, vor allem mit Fingern, Zehen und Gesicht
3 Parkinson – Schüttellähmung

sammenhang diagnostiziert werden, die aber durchaus nicht immer von Artefakten[1] zu unterscheiden sind. Und da treten schwere Krankheitszustände auf, wenn du die Neuroleptika plötzlich oder auch über längere Zeit absetzt; grippeähnliche Zustände mit Bettlägerigkeit, Erbrechen, Durchfall, Fieber und Schüttelfrost. Die Leute sind richtig entzugskrank. Und diese ausfahrenden Bewegungen werden stärker. Und dann gibt es zwei Möglichkeiten – entweder man erhöht die Neuroleptikadosis und die Bewegungen gehen wieder weg, oder man setzt ab und hält das eben eine Zeitlang durch.
Da hatten wir einen auf der Station, der war von Neuroleptika abhängig, und der hat in dieser Absetzphase immerhin zwei Fernseher geschafft – Farbfernseher – und wenigstens drei Kaffeeservice. Aber die Station war geduldig und hat das durchgehalten und heute – früher war er nie schulfähig gewesen –, heute geht er zur Schule und hat schon wesentliche Teile seiner Bewegungsstörungen verloren. Und eigentlich sollte so was mal Schule machen. Aber es ist eben sehr schwierig. Eigentlich dürften Medikamente nur eingesetzt werden, um den Patienten kommunikationsfähig zu machen oder ihn in der Kommunikationsfähigkeit zu erhalten. Wenn sie zu anderen Zwecken gegeben werden, ist das sicherlich fehlindiziert. Aber auch das ist wieder eine Frage, die mit der unzureichenden personellen Ausstattung unserer Stationen zusammenhängt.»

Und da können wir ein zweites Mal fragen: Woran liegt das, daß zu wenig Geld für die psychisch Leidenden da ist? Fehlt dieses Geld z. B. auch, wenn es um Rüstungsausgaben oder andere Mittel geht, an denen erneut diejenigen verdienen, die das ohnehin schon in großem Maße tun? (Siehe auch unter «Gegenkräfte».)

Daß kein Hahn nach mir kräht

Hedwig: «Der Gemeindepfarrer kam mich immer mal besuchen und war immer sehr betroffen, daß er mit mir gar nichts anfangen

1 Artefakt – Handlung zum Zwecke der Täuschung

konnte. Wenn es ging, packte der mich in sein Auto und fuhr mit mir spazieren und Kaffee trinken ...
Nach einem Jahr wurde es besser. Etwa anderthalb Jahre war ich in Grafenberg. Im Frühjahr 1973 wurde ich entlassen. Mußte dann das Zimmer in dem Heim aufgeben. Habe meine Sachen zur Mutter gebracht und bin dann zu dem Gemeindepfarrer gezogen, dessen Frau sehr krank war. Er hatte ein Gästezimmer, und ich hab mich um seine Kinder gekümmert.
Im Sommer 1973 bin ich nach Köln gezogen. Ich hatte in Grafenberg 'ne Frau kennengelernt, die hier in Köln wohnt. Da habe ich erst bei der gewohnt und von da aus habe ich mir dann 'ne Wohnung gesucht. Das war meine erste Wohnung. Ich war erst ein halbes Jahr arbeitslos, und dann hatte ich verschiedene Stellen. In der Schokoladenfabrik Stollwerk habe ich als Faktoristin gearbeitet ...
Ich hab dann auch bei den Kölner Jungsozialisten mitgemacht. Ich hab auch Leute vom Rat der Stadt kennengelernt, die mir dann auch Arbeit bei der Stadt Köln besorgt haben, als Verwaltungsangestellte. Beim Straßenverkehrsamt in der Führerscheinstelle.
Mit der Wohnung, das war sehr gut, das habe ich richtig genossen. Da konnte ich mal richtig tun und lassen, was ich wollte. Ich habe auch gemerkt, daß kein Hahn nach mir kräht. Aber ich habe gedacht: Alles kann man nicht haben.
Die Nachbarn – ein Studentenehepaar – waren öfters bei mir, die fanden mich nett, ich weiß gar nicht warum. Es kann sein, daß ich denen einfach nur so gefallen habe, das kann ja sein. Sie sind dann ein halbes Jahr in Amerika gewesen. Da habe ich für sie die Fenster aufgemacht, die Blumen gegossen, die Handwerker, die der Vermieter bestellt hatte, reingelassen. Sie hatten eine unheimlich schöne Terrasse – eine Sonnenterrasse –, da hab ich öfter gesessen und als dieser heiße Sommer war, hab ich auch auf der Terrasse übernachtet. Die haben auch schön gekocht und Wein getrunken und haben dann auch die Polizei gerufen, als ich nicht aufmachte ...
Ich kann überhaupt nicht sagen, wie ich das alles gemacht habe, als ich bei mir alles kaputtgeschlagen habe; das war mir nicht bewußt. Das war 1977. Ich bin bei der Stadt Köln gekündigt worden, weil ich vorher wieder krank geworden war. Ich kriegte da so ganz dolle

Zustände, daß jeder mir was wollte. Kann ich mir gar nicht erklären; mein Gott, langsam will ich das auch gar nicht mehr wissen, wie das alles zustandekommt, daß man so etwas kriegt. Wenn ich das erst weiß, vielleicht bin ich dann erst richtig bescheuert im Kopf.

Ich bin gekündigt worden und habe dann in meiner Wohnung alles kaputtgeschlagen. Da haben die Nachbarn natürlich die Polizei gerufen, und die kam dann auch, und ich bin zum Gesundheitsamt, zum Amtsarzt. Dann bin ich nach Brauweiler eingewiesen worden. Zwangseingewiesen.»

In die Knie gezwungen

Hedwig: «Schlimmer als in Brauweiler geht es wirklich nicht. Das ist wirklich schlimm, wenn die Fenster total aus diesem gerippten Glas sind, wo man nicht durchsehen kann, wenn man oben aufs Bett steigen und gucken muß, ob die Sonne scheint oder ob es schneit, ich weiß nicht, so kann man mit kranken Menschen nicht umgehen.

Es könnte sein, ich weiß es nicht, daß der deutsche Staat dahintersteckt, denn nachdem ich das mitgemacht habe, bin ich eigentlich – jetzt – relativ brav. Denn das möchte ich nicht noch mal mitmachen. Ich glaube, jetzt hat der Staat mich in die Knie gezwungen. Jetzt mache ich nichts mehr gegen den deutschen Staat. Ich mag das nicht, daß nur materielle Dinge zählen. Ich finde es unheimlich krank und kaputt, wenn man alle Bedürfnisse mit materiellen Dingen befriedigt. Vielleicht bin ich gar nicht so krank. Daß die Menschen sich so entfremden, das finde ich wirklich krank.

Ich bin bis zum letzten Atemzug der Klinik Brauweiler dagewesen. Das war 1978. Am 15. Juni 1978 ist Brauweiler geschlossen worden. Ich hatte schlimme Befürchtungen, daß ich nun nach Düren, Langenfeld oder Bedburg-Hau käme, ich sollte erst nach Langenfeld, bin aber dann zum Kölner ‹Verein für Psychisch Kranke› gekommen. Seitdem lebe ich im Rehabilitationswohnheim.»

Zustände, daß jeder mir was wollte. Kann ich mir gar nicht erklären; mein Gott, langsam will ich das auch gar nicht mehr wissen, wie das alles zustandekommt, daß man so etwas kriegt. Wenn ich das erst weiß, vielleicht bin ich dann erst richtig bescheuert im Kopf.
Ich bin gekündigt worden und habe dann in meiner Wohnung alles kaputtgeschlagen. Da haben die Nachbarn natürlich die Polizei gerufen, und die kam dann auch, und ich bin zum Gesundheitsamt, zum Amtsarzt. Dann bin ich nach Brauweiler eingewiesen worden. Zwangseingewiesen.»

In die Knie gezwungen

Hedwig: «Schlimmer als in Brauweiler geht es wirklich nicht. Das ist wirklich schlimm, wenn die Fenster total aus diesem gerippten Glas sind, wo man nicht durchsehen kann, wenn man oben aufs Bett steigen und gucken muß, ob die Sonne scheint oder ob es schneit, ich weiß nicht, so kann man mit kranken Menschen nicht umgehen.
Es könnte sein, ich weiß es nicht, daß der deutsche Staat dahintersteckt, denn nachdem ich das mitgemacht habe, bin ich eigentlich – jetzt – relativ brav. Denn das möchte ich nicht noch mal mitmachen. Ich glaube, jetzt hat der Staat mich in die Knie gezwungen. Jetzt mache ich nichts mehr gegen den deutschen Staat. Ich mag das nicht, daß nur materielle Dinge zählen. Ich finde es unheimlich krank und kaputt, wenn man alle Bedürfnisse mit materiellen Dingen befriedigt. Vielleicht bin ich gar nicht so krank. Daß die Menschen sich so entfremden, das finde ich wirklich krank.
Ich bin bis zum letzten Atemzug der Klinik Brauweiler dagewesen. Das war 1978. Am 15. Juni 1978 ist Brauweiler geschlossen worden. Ich hatte schlimme Befürchtungen, daß ich nun nach Düren, Langenfeld oder Bedburg-Hau käme, ich sollte erst nach Langenfeld, bin aber dann zum Kölner ‹Verein für Psychisch Kranke› gekommen. Seitdem lebe ich im Rehabilitationswohnheim.»

Brauweiler wurde geschlossen, weil einiges herauskam, was sich hinter den Mauern der Anstalt abspielte. Der Chefarzt wurde angeklagt – vor Gericht gestellt. Zweimal wurde er wegen Totschlags angeklagt, zahlreiche Körperverletzungen wurden ihm angelastet. Der Chefarzt hatte jahrelang voll im Alkoholtran gearbeitet. Zeitweilig muß auch er unter schweren psychischen Störungen gelitten haben. Seinen Vorgesetzten, der Aufsichtsbehörde im Landschaftsverband Rheinland war das auch häufig durch besorgte Mitarbeiter des Klinikchefs und durch Patienten mitgeteilt worden.
Aber erst als in Köln eine kritische Öffentlichkeit Vorwürfe erhob, Beweise vorlegte, als es nichts mehr zu vertuschen gab, wurde gehandelt. Für viele Patienten viel zu spät. Hedwig ist mit zwei blauen Augen davongekommen.

Ich bin jetzt stiller geworden

Hedwig: «Warum das alles? Nur weil man bestimmte Störungen hat in der Seele? Daß man deshalb in eine Zelle mit Neonlicht kommt, ich weiß nicht, ob das ädaquat ist. Ich war da tageweise und Wochen drin. Wenn ich am Rumschreien war.
Ich bin jetzt wieder stiller geworden. Ich glaube, an den Aggressionen sind die Medikamente schuld. Die Medikamente bewirken nämlich eine Wesensänderung. Ich war früher ein stilles und friedliches Kind und heute – ich bin aggressiv, ich kann hin und her zanken ...
Ich möchte, wenn das mit dem Arbeitsamt hinhaut, im Frühjahr zur Schule gehen. Kaufmännische Verwaltung, allgemeine Verwaltung habe ich bei der Stadt Köln gelernt. Das habe ich beim Arbeitsamt beantragt ... Ich bin ja relativ selbständig, alle Abrechnungen mit dem Landschaftsverband, mit der Krankenkasse mach ich ...
Zum Arbeitsamt wollte ich begleitet werden, aus drei Gründen, einmal, damit über meine Krankheit keine unverschämten Fragen gestellt werden, die das Arbeitsamt nichts angehen; und zweitens, daß ich einen Zeugen habe, wenn das Arbeitsamt mir totale Versprechungen macht; und drittens, daß die nicht sagen können: ‹Sie

sind so hoch schwerbehindert. Wir können nichts für Sie tun, eigentlich können Sie doch gar nicht mehr arbeiten gehen.›
Er steht meines Erachtens keinem Menschen an, zu sagen: ‹Sie können nichts mehr.› Die Dame beim Arbeitsamt hat laufend nur meinen Begleiter gefragt. Die muß mich wohl für so bescheuert gehalten haben, daß die gedacht hat, die Fragen könnte nur mein Begleiter beantworten ... Ich hatte dann gleich die Idee, daß die mir natürlich auch nichts zutraut, wenn die liest, wie hoch schwerbehindert ich bin. Ich hatte 100 Prozent, bin aber jetzt auf 80 Prozent. Das ist erst seit 1979. Ich hab das deshalb so lange nicht beantragt, weil ich es vom deutschen Staat nicht auch noch urkundlich haben wollte, daß ich sie nicht mehr alle habe.
Wenn es mit der Schule anfängt, werde ich ausziehen. Ich ziehe wahrscheinlich zu einer Frau. Die hat ein Haus in Köln-Dellbrück. Ich hab bei der schon Probewohnen gemacht, in zwei Wochen mache ich wieder Probewohnen. Wenn das nicht klappt, dann nehme ich mir ein Zimmer.
In Brauweiler hatte ich vom Spritzen Schaum vorm Mund, wie jemand, der zuviel Alkohol getrunken hat. Aber das ist jetzt wohl überstanden. Hoffentlich ...»

«Unser langer Tag geht nieder»

Unser langer Tag geht nieder

Abend und die Sonne wieder,
unser langer Tag geht nieder
in dem Gitter, in den Träumen,
nieder geht die Sonne in den Bäumen

wieder vor den schwarzen Fenstern;
Worte, Leben mit Gespenstern:
Monde kehren wieder,
unser langer Tag geht nieder:

Tag aus Traum und Wort aus Schlaf,
unser langer Traum geht wieder.
Nieder geht die Sonne; tiefer Schlaf:
weißes Gift und Tod kehrt wieder:

Nacht aus Tod und Tag aus Gift:

Abends geht die Sonne wieder.
Schau, es steigt die Mondnacht nieder:
Unser langer Tag geht nieder,
und es kommt das Leben wieder.

Die Farben auf Deinem kleinen Bild, Kenneth

Die Farben
auf dem kleinen Bild, Kenneth,
das Du mir vor Jahren
in einer Stunde geschenkt hast
vor dem Essen,
als die Kranken schon Schlange standen
an den Kübeln,
den Teller in der Hand,
die Farben auf Deinem kleinen Bild sind verblaßt:
der blaue Himmel vor den Gittern gegangen;
die schwarzen Wolken weiß,
die Schatten unter Deinen Augen hell geworden.
Gegangen ist die Stunde,
fort ist der weiße Tisch mit Deinen Farben:
eine kleine Insel
im Tagesraum;
verklungen sind die rastlosen Schritte
der Kranken, die Worte,
die lauten Stimmen irr um Deinen Tisch, Kenneth,
Deinen Tisch für eine Stunde;
ich sehe die Blicke der Neugierigen auf Deine Hand,
Dein kleines Bild;
höre die drängenden Rufe der Pfleger,
das Klappern der Kellen,
rieche das Essen:
die Farben auf Deinem kleinen Bild sind verblaßt,
verblaßt ist die schwarze Stunde,
gegangen sind die hellen Bilder;
weiter gehn die Schattenjahre.

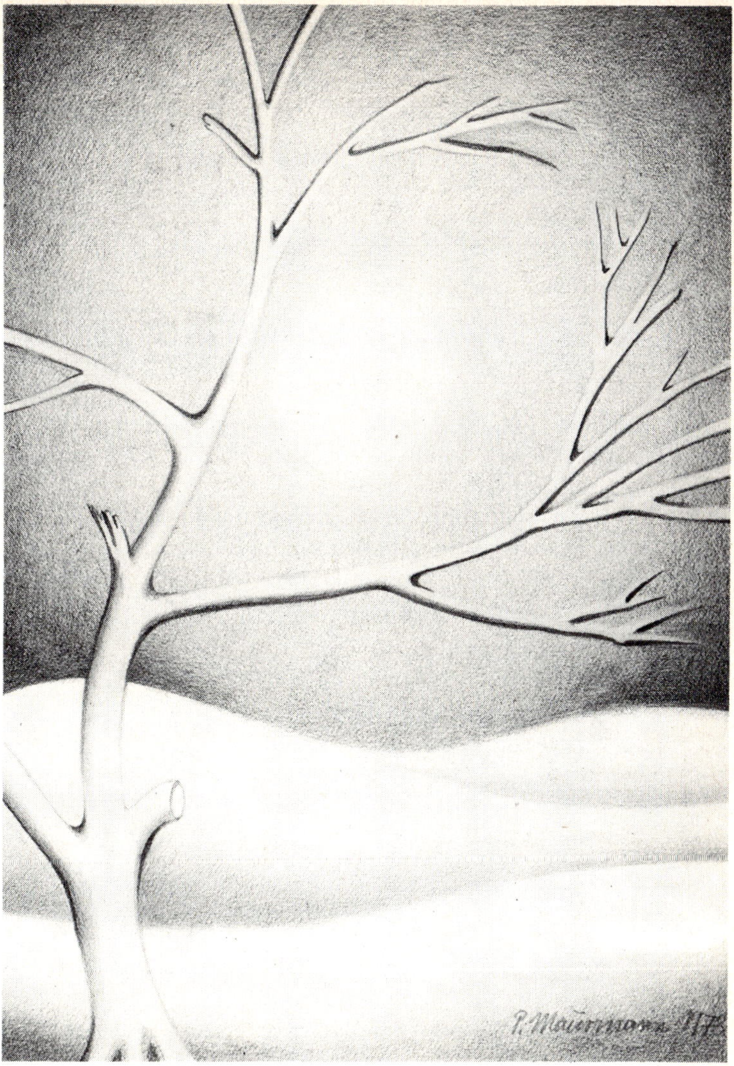

Lied für Karin

Hab keinen Schlüssel für die Tür
in diesem großen kranken Haus
in diesen großen schwarzen Gittern
Der Wind ist alles was ich hör

Deine Schritte vor der schwarzen Tür
durch das Gitter in unseren Herzen
Hab nur den letzten Brief von Dir
Deine Worte Deine Liebe in mir

Kann Dein kleines Gesicht nicht sehn
in dem kalten Haus mit den Gittern
die um unser krankes Leben stehn
Komm nie und nimmer Nie und nimmer

aus diesem kalten großen Haus
Deine Meine kleine Liebe ist aus
Hab keinen Schlüssel für die Tür

Hab keinen Schlüssel für das Leben
Niemand hat mir einen Schlüssel gegeben
Dein Wort Der Wind ist alles was ich hör

Katze

Eine von den wilden Katzen,
krank und mit einem schmutzigen Fell,
eine von den Katzen
mit Blicken scheu und hell,

die ich gestern nacht, mit dem Atem der Schlafenden im
Rücken,

am Fenster zum Hof sah;
im roten Licht der Nachtlampe einen fliehenden Rücken,
grau, unten an der roten Mauer; da

wo Licht aus dem Fenster der Ambulanz fällt:
nachts ein Krankenwagen steht;
eine wilde Katze; Im fernen Dorf, wo ein Hund bellt,
und der Mond durch andere Träume geht:

in der warmen Sonne auf
dem Kopfsteinpflaster vor einer Schale
Milch, neben der Regentonne
sitzt trinkend eine wilde Katze: lauf

Dieter, lauf: lauf,
so weit Du kannst : eine Katze
ist weniger als Du.

Brigitte

Hoch
stand die Sonne am Mittag,
als Du das erste Mal
die Treppe von Frauen 3 hinunter kamst,

zu Herbert und zu mir,
als wir eine Zigarette rauchten
neben dem Kübel
mit heißem Kaffee,
den wir auf dem Weg von der Küche
zu Männer 3 abgesetzt hatten:

geschlossen
waren Deine Augen
für einen Augenblick in dem hellen Licht
ohne Gitter; klar

und direkt
und freundlich war Dein Blick,
als Herbert fragte:
«Wie geht's, Fräulein.»

Und Du sagtest:
«Ja.»

Porträt Frau G.

Blau ist die Farbe
des Himmels in Deinen Augen,
Deinem alten kranken Gesicht:
der Narbe

aus sechzig kranken Jahren;
Deinen Augen grau,
unter der Stirn mit den vielen Falten.
Blau ist der Himmel in Deinen grauen Haaren:

Grau
war Dein Leben,
war Deine Einsamkeit;
Dein Mann, Deine Kinder waren allein die Zeit

da Dein Leid, Dein Leben
hinter eisernen Gittern verging;
da der Ring
um Dein Leben enger wurde:

Hell
ist Dein Lächeln aus Trauer
hell sind Deine freundlichen Augen
hell ist diese Stunde ohne Dauer:

da wir in der offenen Tür
des Hauses stehen und sprechen.

Metzler. Der zerbrochene Spiegel

Im Spiegel
hast Du Dein Gesicht aus Silber gesehen;
im Waschraum nachmittags
mit den Gittern vor den Fenstern

zum Innenhof,
wo die Sonne mit schläfrigem Auge stand um den schwarzen Baum,

an einem von vielen langen Nachmittagen
voll Licht und Leere:

voll Leben:
als die andern Kranken rauchend an den Tischen im Tagesraum saßen

nach dem kurzen Mittagsschlaf
und warteten:

in einem schwarzen Spiegel
hast Du Dein silbernes Gesicht gesehen
aus Krankheit und Leere,
Dein Leben:

verloren in Deinem,
in Unserem kranken Fleisch:
dem schwarzen silbernen Gitter aus Leere
um den Tod:

Dein Gesicht,
unser krankes Leben:
und zerschlagen.

Hofgang

Schritte, meine Schritte
auf dem Kopfsteinpflaster im Innenhof,
mit dem grünen Gras dazwischen;
die vielen Füße der Gruppe
vor mir,
zurück von der halben Stunde Spaziergang
im Park der Anstalt, über die große grüne Wiese,
wo man auf Bänken aus Beton sitzen konnte
und rauchen und reden
mit dem Pfleger in der hellen Sonne;
Schritte, Eure Schritte vor mir,
Dieter, Herbert, Anton und Ihr anderen:
Eure fernen Stimmen
am Vormittag
verhallt über dem Kopfsteinpflaster
im Innenhof, dem Kreuzgang
der alten Abtei, mit dem sterbenden schwarzen Baum in der Mitte
ohne Vögel, die singen;
dem Baum alt, und krank wie Euer Leben;
Eure fernen Worte, Eure leisen Stimmen weit vor mir
Eure Schritte
hinauf in den Raum mit den Gittern,
der verschlossenen Tür:
den roten Decken auf den Tischen,
die gleich abgedeckt werden fürs Essen:
Schritte, Eure Schritte verhallt,
Eure Worte weit hinter mir
sind vergangen:
Meine, Eure Schritte, Unser Leben verhallt.

Route 66

Well if you
ever plan
to motor west
just take my way
that's the highway
that's the best

Die Füße, die im Kreise gehn
um die vielen Tische
und die Augen, die nichts sehn
als das Gitter im Fensterglas; wie die Fische

im tiefen schwarzen Wasser
eines Aquariums:
mit Mündern,
die lautlos sprechen:

die Fünfzig, die sich im Kreise drehn
um eine, ihre leere Mitte,
in dem hellen Raum
aus Schweigen:

Lieder
steigen aus dem Radio in der Hand
von Horst, der an der Wand
steht und dem niemand

zu nahe kommt in seinem Traum
von der Freiheit für Tage in der Stadt, auf dem Land.

Haus D. Oder die Eiger Nordwand

An der Vorderwand
des Hauses mit den vielen Gittern
und den vielen kleinen Zimmern,
in denen die Eidechsen
und die Krokodile nachts
über die schweißnassen Decken laufen,
wenn der Pfleger
eine Flasche Schnaps
nach der anderen für 70 Mark verkauft hat:
dort hängt ein Seil,
gedreht aus 50 Bettlaken,
und an diesem Seil an dieser hohen Wand
hängen 50 Trinker
strampelnd
mit gebrochenen Füßen
und lachen.

Spaziergang in Brauweiler

Du bist eingeladen:
diese heitere Stunde
ohne Wolken an einem Sommermorgen
ins Dorf;

die Bäume in der Runde
stehn grün an diesem Sonntagmorgen
an einem dünnen Faden webt
die Langeweile:

Sei mein Gast, Monika
Nimm Deine Tasche aus Bast,
damit wir den weißen Flieder besser tragen können,
der beim Goldenen Anker wächst mit den Hennen

im Hinterhof. Zieh
Deine Lippen nach, etwas höher; so
noch etwas. Sieh, die Sonne
ist dunkler geworden.

Laß uns gehn.

Dein Ohr oder die Anamnese (griechisch
«Erinnerung»), (die),
Vorgeschichte einer Erkrankung

Ruhig,
ganz ruhig
auf einem Stuhl sitzen
und verrückt sein.
In einem weißen Zimmer sitzen
und,
Gewalt in den Mundwinkeln,
reden.
Irrsinn reden
über Krankheit und Gesundheit.
Auf einem Stuhl
in einem weißen Zimmer,
eine Pfeife in der Tasche.
Wann,
Onkel Doktor, schneidest Du Dir Dein Ohr ab?

Urlaubssperre

Rund
geht die Tasse mit Nescafe
an diesem Sonntagmorgen, von Mund
zu Mund; dreh

Dir eine Zigarette, Willie,
von meinem Tabak
und erzähl mir nichts über Deine nette
Frau und Deine 3 Kinder; der fade Geschmack

auf meiner Zunge wird
doch nicht vergehn hinter diesen Gittern,
an diesem Morgen, der zu nichts führt:
Deine Hände, die wie meine

den Schnaps wittern,
die Kneipen, die Lieder, den Karneval
der uns verboten wurde; keine
Hand holt uns aus diesem großen Saal

an diesem Tag im Februar,
aus diesem kalten Krankenhaus:
bis zu Deiner Entlassung in 3 Wochen wird es bleiben wie es war:
niemand kommt heraus.

Der Tod von Carola B.

Dein junges Blut,
Dein Herz, das nicht lange schlug;
nicht lange genug,
Dein Blut aus Trauer:

Dein früher Schlaf schläft in mir;
Deine träumenden Augen
voll Tod, das weiße Gift in Dir,
ist durch mein Herz gezogen;

Deine Hände, bewußtlos
von weißem Gift:
Deine Trauer, Deine Hoffnung groß
greifen, Dein Leben ruft:

mich, meine geschlossenen Augen,
die Dich träumen.

PM. 76-78

Herbst in Brauweiler

Das Licht,
wie ich es sehe : den Mond
schlaflos, gefangen in einem eisernen Gitter
am dunklen Fenster im Herbst,

wenn die Vögel nach Süden geflogen sind:
nistet nur noch der Wind
im schwarzen Efeu der alten Mauern
des Krankenhauses,

steht unser Baum sterbend im Innenhof
auf seiner Insel aus Grün
über dem Kopfsteinpflaster,
auf das ein heller Lichtschein aus dem Waschraum fällt

mit meinem langen Schatten,
der reglos schweigt,
bei ein paar tiefen Lungenzügen
außerhalb des Schlafsaals:

eine Lunge voll Nacht,
voll Freiheit
in der Stille und Traurigkeit des Hauses,

das mit schwarzen Fenstern
den Trommeln des Regens auf dem Dach lauscht.

Rot leuchtet die Nachtlampe über den ruhelosen Schatten
unter den weißen Decken.

Deine Gitarre mit den 6 losen Saiten

Ich habe die Lieder,
die Du auf Deiner Gitarre
mit der losen G-Saite spieltest
gehört; Deine blinden Griffe,

Dieter, auf dem Steg
Deiner weißen Gitarre gesehen,
aus Holz und für 60 Mark von den 100
Mark Taschengeld im Monat:

ich habe Deine Lieder,
Deine ungesungenen Worte, Deine Finger
gehört, die einen Rhythmus
suchten; ich habe Deine Schritte

im Tagesraum von Brauweiler gehört;
die Gitter, Deinen Traum
Dein Leben gesehen:
wie es Saite für Saite zerriß:

Ich habe Deine zerstörte Gitarre gesehen,
die in der Ecke stand
mit den 6 losen Drähten,
die nach allen Seiten herunterhingen:

vergessen, still und zerstört.

Udo Wanger, geb. 30. 8. 42 in Köln, Mittlere Reife 1961, Bäckerlehre 1964, dann Tellerwäscher, Fahrradbote in einer Buchhandlung, «Drücker» für Zeitschriftenverlage, hier und da auch Arbeit als Bäcker. Erste Behandlung 1967 (Bremen) nach Suizidversuch, zweimal Aufenthalt im Tannenhof (Bergisches Land), 1969/70 zweimal LKH Bonn, ab 1974 fünfmal Aufenthalte in Brauweiler, einmal davon für ein Jahr nach Suizidversuch 1977, 1978 Bewohner des Wohnheims Dreikönigenhaus in Köln-Mülheim, 1979/80 zweimal kürzere Aufenthalte in der psychiatrischen Klinik Köln-Merheim, lebt selbständig zusammen mit seiner Mutter in Köln.

Peter Maurmann,

1945 am 30. September in Preetz-Plön in Schleswig-Holstein geboren. Später aufgewachsen in Wuppertal.

1951–59 Dort Besuch der Volksschule.

1959–62 Lehre als Plakatmaler und Besuch der Berufsschule. Dann Teilnahme an Mal- und Zeichenkursen der Volkshochschule und Werkkunstschule.

1960–70 Reisen in die Mittelmeerländer Italien, Südfrankreich, Jugoslawien, Griechenland, Korsika, Ischkia und Mallorca.

1964–66 18 Monate Bundeswehr.

1966–69 Wieder im Beruf tätig als Plakatmaler.

1969–77 Freiberuflich als Schriftenmaler, Maler und Graphiker.

1977–80 Aufenthalt in der Rheinischen-Landesklinik-Bonn. Dort entstanden auch einige Bilder.

1981 Als Maler und Zeichner in Köln.

Am Krankenbett der Gesellschaft

«Das Hauptproblem war nie die Heilung», so lautet eine provokative Bemerkung des italienischen Psychiaters Jervis zur Geschichte der Psychiatrie. Der Italiener weist nach: Es ist nicht erst seit heute vieles schlimm, was in den Anstalten passiert. Was dort geschieht, ist Ergebnis eines langen historischen Prozesses.
Es ist uns nicht möglich, hier alle Entwicklungen und Wege aufzuzeigen, die die Psychiatrie gegangen ist. Viele von ihnen führten in die Irre, das ist nur allzu bekannt. Und wenn man in den einschlägigen Werken (z. B. Klaus Dörner, Bürger und Irre, 1975; Michel Foucault, Wahnsinn und Gesellschaft, 1973) nachliest und blättert, dann überkommt einen immer wieder der Horror, was schon alles mit den irren gemacht wurde.

Sie wurden z. B. in Eis eingepackt.
Oder großer Hitze ausgesetzt.
Sie wurden ausgehungert.
Sie mußten Gräben graben – den ganzen Tag – und anschließend wieder zuschütten.
Sie wurden in Dollkisten ausgestellt, zur Belustigung des Publikums.
Sie wurden vollkommen isoliert und durften nicht sprechen.
Sie wurden zu Tode erschreckt.
Sie wurden mit herabfallenden Wassertropfen gefoltert.
Sie wurden auf Drehstühle geschnallt und im Kreis gewirbelt.
In eigens dafür gebauten Wannen wurden sie fast ertränkt.
Neben ihnen explodierten plötzlich Schießpulverladungen.
Man bedrohte sie mit glühenden Eisen.
Angekettet vegetierten sie in Kerkern.

Im Namen der Religion, der Staatsvernunft, der Aufklärung, der Wissenschaft, des Fortschritts, der Erziehung zur Arbeitsfähigkeit

und Disziplin, im Namen eines übergeordneten Interesses wurden sie behandelt wie Tiere.
Die Grundlagen all dieser gegen die Irren gerichteten Maßnahmen war der Glaube an die Vernunft der herrschenden Normalität, der Wunsch, Andersartigkeit auszutilgen, das Bedürfnis, die Normalen und Angepaßten davon abzuhalten, anders zu werden. Hinzu kam und kommt Unwissen. Immer noch kann keiner etwas Endgültiges über die Ursachen der Geistesstörungen sagen. Früher nahm man an, daß Irresein durch Körpersäfte, hirnorganische Störungen oder schlicht und ergreifend durch den Teufel verursacht würde. Entsprechend behandelte man die Kranken. Man folterte den Teufel aus ihnen heraus, dörrte die Säfte weg oder schnibbelte an ihren Köpfen herum.
Heute gilt es zwar als sicher, daß soziale Faktoren von großem Stellenwert sind, aber warum gerade der jeweils Betroffene unter den sozialen Bedingungen seines Lebens ausgeflippt ist und sein Kollege oder Bruder nicht, das bleibt noch oft genug ein Rätsel. Daher gibt es auch heute noch manche Behandlung mit Foltercharakter.
Aber: Die Geschichte der Psychiatrie besteht nicht nur aus Unmenschlichkeit und Folter. Es gab immer Leute, die nicht nur Kontrolle, Isolation und Absonderung wollten. Es gab immer Leute, die heilen und helfen wollten.
Schon bei den alten Griechen forderte der Philosoph Plato, die Irren mit Gesprächen zu therapieren. Und anfangs sorgten sich auch die Christen fürsorglich um die Irren (in der Inquisition wurde das dann anders). Und bevor Kraepelin (s. im Kapitel «Diagnosen») in kaisertreuer Manier seine Systematik der psychischen Erkrankungen niederschrieb, entwickelte der deutsche Arzt Griesinger schon in der Mitte des 19. Jahrhunderts so etwas Ähnliches wie ein Konzept gemeindenaher Psychiatrie. Er plädierte für den Verbleib der psychisch Leidenden in ihrer Lebensumgebung, für die Reduzierung der Anstaltsaufenthalte usw. (s. im Kapitel «Die kleinen Utopien»). Doch Griesingers Ideen wurden erst einmal auf Eis gelegt.
Bestimmend blieb die andere Richtung, die negative Behandlung der Irren.

Natürlich – wir wollen es uns nicht einfach machen. In jüngster Zeit, spürbar anwachsend, gibt es eine ständige öffentliche Empfindlichkeit für das, was hinter den Mauern geschieht. Und innerhalb der Mauern gibt es eine Menge Leute – Schwestern, Pfleger und Ärzte –, die das beste für die Patienten wollen. Nur – oft genug hat der Koloß «Psychiatrie» mit seinen Häusern und Regeln, Hierarchien und Strukturen, mit seiner ganzen Schwerfälligkeit sie ebenso plattgewalzt wie die Patienten selbst. Das System Psychiatrie, wie es sich in der heutigen Form des Anstaltswesens seit dem 19. Jahrhundert entwickelt hat, läßt sich durch einige engagierte Leute eben nicht von heute auf morgen umkrempeln. Gesetzliche Bestimmungen, an die sich die Ärzte halten müssen; die Einweisungspraktiken mit Polizei und ‹Tatütata›; die Organisierung in Großkrankenhäusern fernab von Wohnung und Familie: Hier liegen einige Grundbedingungen fest, die eine Arbeit im Interesse der Kranken erheblich erschweren. Es wäre eine sinnvolle Aufgabe für die Herren Politiker, einige der Hindernisse aus dem Weg zu räumen, die allen an der Psychiatrie Beteiligten erhebliches Kopfzerbrechen bereiten.

In unserem Lande von Psychiatrie zu reden, heißt auch, nicht zu schweigen über das Schlimmste, was je mit psychisch Kranken gemacht wurde. Über ihre massenhafte Ermordung in der Zeit des Faschismus. Darüber können und wollen wir nicht hinweggehen, das sind wir den Opfern schuldig. Und uns selbst auch, damit wir vor Augen haben, was nie wieder geschehen darf.

Eins vorweg. Wer sich mit der Geschichte der Psychiatrie, auch und gerade während des Faschismus beschäftigt, der wird immer wieder sagen: ‹Aber da bin ich doch viel menschlicher in meinem Denken und Handeln; mit so etwas habe ich nichts, absolut nichts zu tun; diese Tradition, die lehne ich ab.›
Wir wollen hier niemandem etwas unterstellen, aber dennoch auf eins aufmerksam machen: Geschichte und Tradition, das sind nicht nur die Dinge, die durch die Geschichtsbücher in unsere Köpfe eingetrichtert werden. Das sind auch die vielen kleinen Körpergesten,

Wortwendungen, kaum merkbaren Handgriffe, die Erschrecken, Abneigung, Freude und Trauer oft ausdrücklicher signalisieren als große Worte. Und diese Verhaltensweisen sind auch geschichtlich geworden und weitervermittelt worden. Die geschichtliche Kontinuität, in der wir stehen, ist uns oft nicht bewußt. Wir bemerken sie nicht, wir haben sie einmal als Kinder bei den Erwachsenen abgeguckt und so von ihnen gelernt. Und die Erwachsenen, von denen wir das haben, die haben's wieder von ihren Eltern. Und so weiter. Diese Tradition ist oft schwerer zu verändern als z. B. das Wissen über die bedeutsamen geschichtlichen Ereignisse und Zusammenhänge. Gegen die großen Vorurteile kann man große Töne spucken – den kleinen ist manchmal viel schwerer beizukommen.

Und wer kennt sie nicht – die aufgeklärten Mitmenschen, die von «Minderheitenschutz» und «Wir-sind-alle-normal» reden und den psychisch Kranken, der daneben steht, dadurch verunsichern, daß sie ihm nicht in die Augen schauen, daß sie ihm ins Wort fallen oder über ihn hinwegreden; die ihn auf diese Art spüren lassen, wer hier eigentlich tausendmal überlegen ist und wer dankbar sein darf, neben einem so liberalen und spezialdemokratischen Bürger stehen zu dürfen.

Holocaust

Von September 1939 an entwickelte sich ein regelmäßiger Busverkehr zum kleinen Örtchen Hadamar im Westerwald. Die Busse verschwanden hinter den Toren der idyllisch gelegenen Heil- und Pflegeanstalt gleichen Namens. Kaum hatte ein Bus die Rückfahrt angetreten, begann es aus den Schornsteinen des Gebäudekomplexes zu qualmen. Es stank entsetzlich.

Im Sommer 1941, als es sehr heiß war, konnten es die Einwohner Hadamars nicht mehr aushalten. Sie stopften mit Wolldecken die

Fensterritzen zu. Aber es half nicht viel. Die Leute im Ort reimten sich so manches zusammen. Die meisten ahnten zumindest, was da oben in der Heilanstalt los war und warum es so stank.
Denn eigentlich war für jeden, der sich mit den Ansichten der Nazis vertraut gemacht hatte, klar, was die psychisch Kranken im Hitler-Faschismus erwartete. Mit ihnen hatten die Nazis genau das vor, was sie auch mit den Juden planten: Mord in Massen.
Dieser Plan, der 1939 Wirklichkeit wurde, war theoretisch bereits angelegt worden in dem Werk des Juristen Alfred Hoche und des Psychologen Karl Binding, das schon 1920 unter dem Titel: «Die Freigabe der Vernichtung lebensunwerten Lebens» erschienen war. In diesem Buch legten sie z. B. die monatlichen Aufwendungen für einen «Idioten» – wie sie sich ausdrückten – bei 1300 Reichsmark fest und rechneten: «Nehmen wir für den Einzelfall die durchschnittliche Lebensdauer von 50 Jahren an, so ist leicht zu ermessen, welches ungeheure Kapital in Form von Nahrungsmitteln, Kleidung und Heizung dem Nationalvermögen für einen unproduktiven Zweck entzogen wird ...»
Man kann sich vorstellen, wie so etwas 1920 wirkte – kurz nach dem 1. Weltkrieg – als große Teile des Volkes Hunger litten, und es liegt auf der Hand, auf welche «Lösungen» die Bevölkerung bezüglich der psychisch Kranken kommen sollte. Die Nazis blieben nicht bei der Theorie. Weil alles vorbereitet sein muß, auch der Massenmord, durchsetzten sie den Alltag erst einmal mit ihren Gedanken von ‹wertem› und ‹unwertem› Leben und machten die Leute unempfindlich. Keiner sollte gegen die kommende Barbarei protestieren. So fand sich z. B. in einem Algebrabuch für den Schulunterricht die folgende Rechenaufgabe: «Ein Geisteskranker verursacht 4 Reichsmark, ein Krüppel 5,50 RM, ein Verbrecher 3,50 RM tägliche Anstaltskosten. Nach vorsichtigen Schätzungen sind in Deutschland 300000 Geisteskranke in Anstaltspflege. Wieviel Ehestandsdarlehen zu je 600 RM könnten von diesem Geld jährlich ausgegeben werden?» (aus Medizin und Nationalsozialismus, 1980)
Hier also die unnützen Kostgänger – dort die gesunden deutschen Ehepaare, die gesunde deutsche Jungen und Mädchen gebären werden: Das ist die eine Implikation der Rechenaufgabe.

Gesetz zur Verhütung erbkranken Nachwuchses

vom 14. Juli 1933

nebst Ausführungsverordnungen

Bearbeitet und erläutert von

Dr. med. Arthur Gütt
Ministerialdirektor
im Reichsministerium des Innern

Dr. med. Ernst Rüdin
o. ö. Professor für Psychiatrie an der Universität und Direktor
des Kaiser Wilhelm-Instituts für Genealogie und Demographie
der Deutschen Forschungsanstalt für Psychiatrie in München

Dr. jur. Falk Ruttke
Geschäftsführender Direktor des Reichsausschusses für Volksgesundheitsdienst
beim Reichsministerium des Innern

Mit Beiträgen:

Die Eingriffe zur Unfruchtbarmachung des Mannes und zur Entmannung.
Von Geheimrat Prof. Dr. med. Erich Lexer, München

Die Eingriffe zur Unfruchtbarmachung der Frau.
Von Prof. Dr. med. Heinrich Eymer, München

Mit 26 zum Teil farbigen Abbildungen

Zweite, neubearbeitete Auflage

J. F. Lehmanns Verlag / München 1936

ADOLF HITLER

BERLIN, den 1. Sept. 1939.

Reichsleiter B o u h l e r und

Dr. med. B r a n d t

sind unter Verantwortung beauftragt, die Befug -
nisse namentlich zu bestimmender Ärzte so zu er -
weitern, dass nach menschlichem Ermessen unheilbar
Kranken bei kritischster Beurteilung ihres Krank -
heitszustandes der Gnadentod gewährt werden kann.

Von Bouhler mir
übergeben am 27. 8. 40
Dr. Gürtner

Die andere: Kranke und Kriminelle werden in einem Atemzug genannt, sie verdienen auch die gleiche Behandlung. Was werden die Kinder, die hier rechnen mußten, wohl für den bestmöglichen Umgang mit «Geisteskranken», «Krüppeln» und «Verbrechern» gehalten haben?

Die Nazis blieben nicht bei der Rechenaufgabe. Schon kurz nachdem sie mit Unterstützung führender Industrieller – Krupp und Thyssen zahlten großzügige Spenden an die NSDAP – an die Macht gelangt waren, knapp sechs Wochen nach ihrer Machtergreifung, genau am 14. 3. 1933 entstand das «Gesetz zur Verhütung erbkranken Nachwuchses».

Die Anwendung dieses Gesetzes hatte u. a. 300000 Zwangssterilisierungen zur Folge. Sterilisiert wurde bei Diagnosen wie «Schwachsinn», «Schizophrenie», «Blindheit», «Taubheit», «körperliche Mißbildungen», «schwerer Alkoholismus». Doch die Nazis hatten nicht nur das Ziel, die Fortpflanzung der psychisch Leidenden und anderer Kranker zu verhindern. Sie wollten sie ausrotten.

Gründlich, wie sie waren, perfektionierten sie erst einmal den Behördenapparat. Über die Personalbögen der Hilfsschulen und das Einwohnermeldeamt registrierten sie alle psychisch Kranken. Als dann alle Vorbereitungen getroffen waren, begann, parallel zum Überfall auf Polen, der in weiten Teilen der Bevölkerung Kriegsbegeisterung auslöste, ganz unauffällig der Vernichtungsfeldzug gegen die psychisch Kranken. Er begann offiziell mit einem schlichten Schreiben, das der Führer und Reichskanzler Adolf Hitler mit Datum vom 1. September 1939 an seinen Reichsleiter Philipp Bouhler und den Arzt Dr. Karl Brandt schickte und das folgenden knappen Wortlaut hatte:

«Reichsleiter Bouhler und Dr. med. Brandt sind unter Verantwortung beauftragt, die Befugnisse namentlich zu bestimmender Ärzte so zu erweitern, daß nach menschlichem Ermessen unheilbar Kranke bei kritischster Beurteilung ihres Krankheitszustandes der Gnadentod gewährt werden kann.»

«Gnadentod» – was für ein Begriff für das, was damit eingeleitet wurde! 80000 Menschen wurde er in kürzester Frist «gewährt».

Und als die «Gnadentöter» in Hadamar den 10000. Menschen ermordet hatten, feierten sie – Ärzte und andere Beschäftigte – ein rauschendes Fest.
Sogar vor den Kindern machten diese Gnadenlosen keinen Halt. Auch hier waren Hitlers Leibarzt Brandt und sein Kanzleileiter Bouhler seine obersten Handlanger. Hinter ihnen stand ein «Reichsausschuß zur wissenschaftlichen Erfassung erb- und anlagebedingter schwerer Leiden». Die Altersgrenze der in Frage kommenden Kinder betrug zunächst drei, später sechzehn Jahre. 21 «Kinderfachabteilungen» – wieder so ein Begriff – wurden im ganzen Land installiert. Das waren Todeshäuser, in denen die Kinder mit Spritzen oder durch Nahrungsentzug umgebracht wurden. Grund genug, ein Kind zu ermorden, war schon die Feststellung, daß es sich um Zigeuner-, Juden- oder Mischlingskinder handelte.

Für die Verwirklichung der grauenhaften Lösungsvorstellungen der Nazibonzen gab es genug Helfer: Ärzte, Psychiater, Krankenschwestern, Pfleger, Juristen und Bürokraten ...
Die letzteren hatten sich «idiotensichere» Regeln ausgedacht, nach denen alles funktionieren sollte. Da war zunächst die «Reichsarbeitsgemeinschaft Heil- und Pflegeanstalten», deren Aufgabe es war, auszuwählen. Das Ganze möglichst rationell mit Meldebogen und drei Ankreuzmöglichkeiten. Ein rotes Kreuz hieß «Tod», ein blauer Strich bedeutete «Leben», und ein Fragezeichen hieß, daß sich der «Gutachter» nicht entscheiden wollte oder konnte.
Manche Gutachter hatten die Anweisungen nur flüchtig gelesen – es ging da ja nur um «Bekloppte» – und so kam es vor, daß einer ein rotes Kreuz verpaßt bekam, obwohl der Gutachter ihn unter die Rubrik «Leben» eingeordnet haben wollte. Als sich die Pannen häuften, führten die Nazis Schulungsveranstaltungen für die Gutachter durch, um sie in die Lage zu versetzen, an der «richtigen» Stelle das «richtige» Kreuzchen zu machen. Diese makabren Tagungen fanden in Berlin-Charlottenburg statt, in der Tiergartenstraße 5, der sogenannten Euthanasie-Zentrale, kurz «T4» genannt.
Auch ansonsten war alles erschreckend «gut» geregelt. Der Bus, der die Opfer in Hadamar und anderen Orten (Grafeneck, Bran-

denburg, Sonnenstein, Bernburg, Hartheim) anlieferte, gehörte zum Wagenpark der «Gemeinnützigen Krankentransport-GmbH». Die Lieferanten und andere Beschäftigte der Aktion «T4» wurden über die «Gemeinnützige Stiftung Anstaltspflege» ordentlich entlohnt.

Wie es den Betroffenen erging, das schildert die Zeugin Maria Zey (Zitat nach FAZ vom 16. 12. 59):

«Ich bin mit meinem Sohn nach Idstein gefahren. Wir sind wirklich sehr freundlich empfangen worden. Der Arzt sagte: ‹Schönen guten Tag› und: ‹Das ist in acht Tagen geheilt . . .›»

Der Sohn dieser Frau galt als schwer erziehbar und war einmal aus einer Anstalt geflüchtet. Die Mutter hatte ihn auf Anraten eines anderen Arztes wieder zurückgebracht. Es dauerte nur wenige Wochen und Frau Zey erhielt die Todesnachricht. In der Rocktasche des Sohnes fand sie einen Brief: «Liebe Mutter, sie sind gegangen und haben mich eingesperrt. Liebe Mammi, ich bleibe keine acht Tage hier bei den Leuten. Ich gehe wieder meiner Wege. Ich bleibe nicht hier. Komm und hole mich . . .»

Die Ärzte schrieben ihr: «Trotz sorgfältiger ärztlicher Bemühungen ist Ihr Sohn . . . erlegen.» An entsprechender Stelle waren auf diesem Vordruck ein Datum und eine Krankheit eingetragen. Die Krankheiten waren frei erfunden. Das brachte manchmal Komplikationen mit sich.

Da ist der Fall eines Anstaltsinsassen, der seit seinem 12. Lebensjahr unter epileptischen Anfällen litt. Nach acht Jahren Pflege zu Hause hatte ihn die Mutter in eine Anstalt geben müssen, weil sie nicht mehr in der Lage war, die Belastungen zu tragen. Der Sohn lebte danach mehrere Jahrzehnte in der Anstalt, konnte leichte Arbeiten erledigen, nahm an allem Anteil und bei einem Besuch des Bruders zeigte sich, daß er über Zeitungslektüre, auch über die aktuellen Ereignisse informiert war. Kurze Zeit nach diesem Besuch erhielt der Bruder die Sterbenachricht. Todesursache: «eingeklemmter Bruch».

Andere starben offiziell an «Blinddarmentzündung», obwohl ihnen der Blinddarm nachweislich schon Jahre vorher entfernt worden war.

Was die Menschen sehen wollen, das nehmen sie wahr. Und so wie jeder, der wollte, wissen konnte, was mit den politisch Oppositionellen und den Juden geschah, so sickerten auch die Nachrichten vom Mordzug gegen die psychisch Kranken durch. Nicht nur in Hadamar, auch an vielen anderen Orten regte sich Widerstand. Todesmeldungen der Nazis wurde mit Familienanzeigen in den örtlichen Zeitungen begegnet. Darin stand:
«... Wie bereits erwartet, erhielten wir die Nachricht ...»
Im April 1941 wurden die Chefredakteure aller hessischen Zeitungen angewiesen, solche Anzeigen künftig nicht mehr zu drucken. Die Nazis sandten sogar getarnte Gestapoleute aus, um die Leute zu beruhigen.
Aber es half nicht viel. Bezogen auf die Tötungsanstalt Grafeneck, schrieb der SS-Chef Himmler einen persönlichen Brief – eine «geheime Reichssache» – an den zuständigen SS-Standartenführer Brack:
«Wie ich höre, ist auf der Alb wegen der Anstalt Grafeneck eine große Erregung. Somit ist dort die schlimmste Stimmung ausgebrochen, und es bleibt meines Erachtens nur übrig, an dieser Stelle die Verwendung der Anstalt einzustellen.»
Selbst in der NSDAP rührte sich bei einzelnen das «Gewissen». Denen ging es aber weniger um die psychisch Kranken als um Ruhe und Ordnung. Sie hatten Angst, die Regierung würde mit den Aktionen das Vertrauen der Bevölkerung aufs Spiel setzen. So schrieb die NS-Frauenschafts-Funktionärin Else von Löwis am 25. November an den obersten Richter der NSDAP:
«Sie wissen sicher von den Maßnahmen, durch die wir uns zur Zeit der unheilbar Geisteskranken entledigen ... Ob die für diese Sache Verantwortlichen sich gar nicht bewußt sind, welches Maß von Vertrauen sie dadurch zerstört haben? ... Wie es scheint, werden allmählich alle unheilbar Geisteskranken – daneben auch Epileptiker, die geistig gar nicht gestört sind – erfaßt. Darunter befinden sich viele Menschen, die am Leben noch Anteil nehmen, ihr bescheidenes Teil Arbeit leisten, die mit ihren Angehörigen in brieflichem Verkehr stehen. Menschen, die, wenn das graue Auto der SS kommt, wissen, wohin sie fahren. Wir sehen Tag und Nacht den

Schornstein des Krematoriums rauchen ... Jetzt klammern die Menschen sich noch an die Hoffnung, daß der Führer um diese Dinge nicht weiß ... Es muß doch einen Weg geben, auf dem die Stimme des deutschen Volkes das Ohr des Führers erreicht.» (FAZ vom 16. 12. 59)
Im Herbst 1941 stellten die Nazis offiziell die systematische Ermordung der geistig Kranken ein. Dafür nahm man sich jetzt verstärkt der Juden an. Zu diesem Zweck wurden die Verbrennungs- und Vergasungsanlagen in die Vernichtungslager im Osten transportiert: Nach Auschwitz, nach Majdanek, Belzec, Sobibor, Treblinka ...

Heute oder: Was nach dem Holocaust kam

Nach dem Krieg gab es Leute, die meinten: «Das mit den Nazis, ja, das war schrecklich und unmenschlich. Aber das ist vorbei. Laßt uns damit in Ruhe. Seht das zerstörte Deutschland. Damit haben wir jetzt genug zu tun.»
Die Leute, die so redeten und auch heute noch so reden, liegen ziemlich falsch. Denn mit der Niederlage des Hitler-Faschismus waren ja nicht alle Nazis urplötzlich von der Bildfläche verschwunden. Einige wenige nur hatte man gefaßt und verurteilt, viele hatten sich in andere Länder abgesetzt, ebenso viele aber waren im Lande geblieben und beileibe nicht als reuige Sünder. Viele gelangten sehr schnell wieder in Amt und Würden; in der Politik, in der Justiz, insbesondere auch in den ärztlichen Standesorganisationen und natürlich auch in der Psychiatrie.
Die Politik bestimmt letztlich entscheidend, was in der Gesellschaft passiert, also auch in der Psychiatrie. Ab 1949, dem Gründungsjahr der neuen Bundesrepublik Deutschland, hatte ein gewisser Dr. Heinrich Globke vierzehn Jahre lang maßgeblichen Einfluß auf die Politik der damaligen CDU-Bundesregierung. Globke war Jurist

von Beruf und unter den Nazis ein hoher Parteifunktionär, der sich speziell mit den sogenannten Rassegesetzen der Nazis beschäftigt hatte. So war er Leiter des «Reichsausschusses zum Schutz des deutschen Blutes und der deutschen Ehre». Bis 1963 residierte Globke unbehelligt als Staatssekretär im Bundeskanzleramt und war damit engster Mitarbeiter des damaligen Kanzlers Konrad Adenauer.

Eine besondere Rolle im Rassen- und Vererbungswahn der Nazis – dem Hintergrund für den Mordfeldzug gegen die psychisch Kranken und Behinderten – spielte ein gewisser Ernst Rüdin, der sofort nach der Machtübernahme Hitlers u. a. Vorsitzender der «Gesellschaft Deutscher Neurologen und Psychiater» sowie Geschäftsführer der «Deutschen Forschungsgesellschaft für Psychiatrie» am Max-Planck-Institut wurde. Für seine «segensreiche» Tätigkeit erhielt er übrigens 1944 als «Bahnbrecher der menschlichen Erbpflege» den «Adlerschild des Deutschen Reiches» verliehen. Von Hitler persönlich.

Rüdin selbst gelangte zwar nicht mehr in öffentliche Ämter, aber die Verbreitung seiner Theorien war auch in der neuen bundesdeutschen Psychiatrie garantiert. Und zwar durch seine Tochter, Dr. Zerbin-Rüdin, ab 1958 Leiterin der Abteilung Erblichkeitsforschung am Max-Planck-Institut für Psychiatrie. Die Tochter des Alt-Nazis war nebenamtlich Mitglied eines «Wissenschaftlichen Beirates» der Zeitschrift «Neue Anthropologie», die die «Kommission für Verstöße der Psychiatrie gegen Menschenrechte e. V.» wie folgt einstuft: «Sprachrohr der gehobeneren intellektuell etwas anspruchsvolleren Rechtsradikalen in der Bundesrepublik Deutschland»

Einem weiteren Arzt, der maßgeblich am Vernichtungsfeldzug gegen die psychisch Kranken beteiligt war, gelang es in Flensburg, jahrelang unbehelligt unter dem Namen Sawade zu praktizieren. Hier handelt es sich um Dr. Werner Heyde, einen der zwei von Hitler eingesetzten Obergutachtern.

Und auch Heyde ist beileibe kein Einzelfall. 1961 veröffentlichte der «Spiegel» eine Liste von 10 weiteren Ärzten und Professoren, die als Gutachter an der Ermordung psychisch Kranker beteiligt und – teilweise noch zum Zeitpunkt der Veröffentlichung – Lehrstuhlinhaber an bundesdeutschen Hochschulen waren.

Reichsbürgergesetz

vom 15. September 1935

Gesetz zum Schutze des deutschen Blutes und der deutschen Ehre

vom 15. September 1935

Gesetz zum Schutze der Erbgesundheit des deutschen Volkes (Ehegesundheitsgesetz)

vom 18. Oktober 1935

nebst allen Ausführungsvorschriften
und den einschlägigen Gesetzen und Verordnungen

erläutert von

Dr. Wilhelm Stuckart und Dr. Hans Globke

Staatssekretär — Oberregierungsrat

im Reichs- und Preußischen Ministerium des Innern

C. H. Beck'sche Verlagsbuchhandlung
München und Berlin 1936

Recht und Rechtswahrer

Beiträge zum Rassegedanken

Rasse und Wehrrecht

Von Udo Klausa

Verlag von W. Kohlhammer • Stuttgart-Berlin

Da gibt es Herrn Udo Klausa – unter den Nazis z. B. Verfasser einer Schrift «Recht und Rechtswahrer, Beiträge zum Rassegedanken» –, der bis ins Jahr 1975 Direktor des Landschaftsverbandes Rheinland war, jener Mammut-Behörde also, die in der Bundesrepublik Träger einer Vielzahl von Irrenanstalten (genannt Landeskrankenhäusern) ist.
Das waren die feinen Damen und Herren. Die Schreibtischtäter. Und die Kleinen, jene, die die Drecksarbeit verrichten mußten, die systematische Vernichtung derjenigen, deren Leben ihnen eigentlich anvertraut war. Wo waren sie geblieben? Auch viele «der Kleinen», der Erfüllungsgehilfen, waren wieder in den Anstalten tätig. Anfang 1965 standen vierzehn ehemalige Krankenschwestern aus den Tötungsanstalten der Nazis vor Gericht. Todesengel nannte man sie damals. Hier einige ihrer Antworten, warum sie mordeten:
«Vor Gott war es nicht gerechtfertigt, aber die ärztlichen Anweisungen und das staatliche Gesetz mußten befolgt werden.»
«Weil es ein Gesetz war, mußte ich gehorchen. Ich war schließlich Beamtin und konnte den Dienst nicht verweigern.»
«Befehl ist Befehl.»
«Ich habe ihnen zugeredet, daß sie sich nicht so quälen müssen. Daß sie nicht fühlen, daß sie sterben müssen.»
«Ich habe meine Pflicht erfüllt wie die Soldaten an der Front.»

Wie muß es im Innern einer Psychiatrie aussehen, die in einer solchen Tradition steht, deren personelle und inhaltliche Verflechtung mit dem Faschismus jahrzehntelang ihre Wirkung tat? Wie wirkt sich das auf die Kranken aus?
Wir fragten unsere Sozialarbeiterin, die die Zustände in einem psychiatrischen Großkrankenhaus miterlebt hat und heute in einem Wohnheim für psychisch Behinderte arbeitet.

Die Sozialarbeiterin: «Da gibt es bei fast allen Bewohnern große Ängste. Die sind mehr oder weniger bewußt. Ein Klient zum Beispiel setzt sich täglich damit auseinander, indem er die politische Landschaft verfolgt. Der äußert dann manchmal, wir wollten ihn um die Ecke bringen, irgendwann die Todesspritze verabreichen.

Er hört auch ständig Stimmen, die ihm zum Beispiel sagen, ich hätte einen Pakt mit Bundeskanzler Helmut Schmidt geschlossen. Er hätte gehört, daß alle Leute im Heim beiseite geschafft und vergast werden sollen. Ein anderes Mal sagt er, ich hätte durch meine Sexy-Beine den Arzt so beeinflußt, daß der jetzt bereit wäre, ihm eine Überdosis zu verpassen.
Andere Klienten hatten während der Wahl im vorigen Jahr unheimliche Angst, daß die CDU an die Regierung kommt. Deshalb haben viele auch die Anti-Strauß-Veranstaltungen unterstützt. Auch im Heim haben sie darüber geredet, daß der nicht an die Regierung kommen dürfe, denn dann würde für die psychisch Kranken alles schlechter werden. Da war die Angst vor verstärkter Absonderung, die eigentlich auch heute ständig vorhanden ist, weil es eben in manchen Großkrankenhäusern noch Tendenzen gibt, die sich von denen der Nazizeit kaum zu unterscheiden scheinen. Zum Beispiel die absolute Unsicherheit, Sterilisationen bei Frauen ohne deren Einverständnis vorzunehmen. Da reicht dann einfach das Ja des Vormundes. Hierher gehört ebenfalls die medikamentöse Zwangsbehandlung. Auch da wird kein Gespräch versucht, nicht versucht eine Einigung herzustellen, sondern einfach die Spritze reingejagt.»

Und wie soll man die Erinnerung an die Zeit, in der zwischen «wertem» und «unwertem» Leben unterschieden wurde, beiseite legen, wenn man hört, was der Staatssekretär im Kieler Sozialministerium – Prof. Dr. med. Fritz Beske – als Reaktion auf Personalforderungen des LKH Schleswig-Hesterberg gesagt hat.
Auf zwei Pfleger, hieß es seitens der DGSP, kämen dort 30 Kinder, so daß die rund 40 gehbehinderten Kinder der Klinik wegen des Personalmangels den ganzen Tag über im Bett oder in Sitzstühlen eingepfercht verbringen würden. Es sei auf Grund der katastrophalen Personallage unmöglich, die Kinder an die frische Luft oder in die Sonne zu bringen. Der Professor im Sozialministerium löste das Problem mit der Bemerkung: «Das Verbringen an die Sonne hat keinen besonderen therapeutischen und psychologischen Nutzen.» (zit. nach ‹Umschau am Abend› vom 16. 7. 79)

Die Gegenkräfte

Immer schon gab es auch in der Psychiatrie diejenigen, die sich gerade gegenüber den entrechteten psychisch Leidenden zu besonderer Humanität verpflichtet fühlten, die sich darum mühten, einen Zustand zu erreichen, in dem der psychisch Leidende als ein gleichberechtigtes Mitglied in der Gesellschaft anerkannt und behandelt wird. Zu ihnen gehört beispielweise Prof. Dr. Caspar Kuhlenkampff, früher Chef des LKH Düsseldorf-Grafenberg («Ab nach Grafenberg»), die Hedwig ja auch kennengelernt hat. Seit vielen Jahren ist Kuhlenkampff als Gesundheitsdezernent beim Landschaftsverband Rheinland, d. h. er ist oberster medizinischer Verantwortlicher für die Landeskrankenhäuser.
1970 gelang es den Reformkräften, die Bundesregierung für eine großangelegte wissenschaftliche Untersuchung der Zustände in der bundesdeutschen Psychiatrie zu gewinnen und davon ausgehend Verbesserungsvorschläge zu unterbreiten. Denn längst war allen, die halbwegs guten Willens waren, klar, daß es nicht zum besten stand mit der Psychiatrie. Vorsitzender der Sachverständigenkommission, die alle Daten für eine «Enquete» erarbeiten sollte, war Caspar Kuhlenkampff.
Der «Bericht über die Lage der Psychiatrie in der Bundesrepublik Deutschland» wurde fünf Jahre später, 1975, fertiggestellt. Er brachte alle empörenden Zustände, insbesondere in den Großkrankenhäusern, lückenlos zur Sprache.
Festgestellt wurde u. a.:
Die psychiatrischen Kliniken waren zu zwei Dritteln in Gebäuden untergebracht, die vor 1925 oder sogar im vorigen Jahrhundert erbaut wurden.
Zwei Drittel aller Patienten waren in Schlafsälen mit mehr als zehn Betten, teilweise über dreißig Betten untergebracht. Nicht selten mußten fünfzehn und mehr Kranke sich ein Waschbecken teilen. Nachttische gab es nur für 58 Prozent der Kranken.

Viele Kranke durften keine eigene Garderobe tragen, was zusätzlich zu einem Zustand der «Entpersönlichung» führte.
Nirgends war der Personalmangel so gravierend wie in der Psychiatrie. Das Personal war zudem unzureichend ausgebildet.
Die Großkliniken (bis zu 3000 Betten) lagen fernab der Wohnorte der Patienten, so daß eine soziale Wiedereingliederung unmöglich war.
Psychisch Kranke wurden als billige Arbeitskräfte schamlos ausgebeutet (dies teils unter dem Begriff der «Arbeitstherapie»).
Auch zu der verantwortungslosen Praxis, psychiatrische Patienten nicht etwa aus medizinischen Erwägungen, sondern aus disziplinären und Ordnungsvorstellungen mit Psychopharmaka zu traktieren, traf die «Enquete» eindeutige Aussagen.
Die große Anklageschrift lag also vor. Sie wies aus, daß 25 Jahre lang niemand große Gedanken an die Irrenanstalten und das, was in ihnen passierte, verschwendet hatte.
Seit 1975 gibt es die «Psychiatrie-Enquete». Der Bremer Professor Dr. Wolfgang Jantzen aber konnte – wie auch andere – die Gesamtsituation der Psychiatrie noch 1979 mit dem knappen Satz umreißen: «Die Lage ist katastrophal.»
In vier Jahren hatte sich also trotz einer umfassenden Bestandsaufnahme und obwohl man genau wußte, was zu tun ist (siehe «Gemeindenahe Psychiatrie»), nichts Entscheidendes verändert. Gleichzeitig hatte sich das psychische Befinden großer Teile der Bevölkerung rapide verschlechtert:

13 000 Selbstmorde (Suizide) pro Jahr.
130 000 versuchte Suizide.
20 bis 25 Prozent der Schulkinder sind körperlich oder/und seelisch gestört.
Jeder 6. Patient, der seinen Hausarzt aufsucht, klagt über psychische Beschwerden.
Nach den Herz- und Kreislauferkrankungen und dem Krebs steht der Suizid an dritter Stelle aller Todesursachen.
130 000 Menschen sind fernab ihres Wohngebietes in Krankenhäusern und Heimen eingeschlossen.

200000 Menschen landen pro Jahr mindestens einmal in der Psychiatrie.
Psychiatrisches Personal steht nach wie vor in nicht ausreichendem Maß zur Verfügung (Sparmaßnahmen).
Und immer noch ist es gängig, psychisch Erkrankte ohne viel Federlesens (auch zwangsweise) in die Irrenanstalten einzusperren.

Der Professor sagt:
«1. Nach wie vor ist die gesamte psychosoziale Versorgung von einem medizinischen Denkmodell her geplant, das vorrangig die medikamentöse und technische Versorgung im Auge hat, nicht aber effektive Formen psychotherapeutischer und sozialpädagogischer Versorgung.
2. Zweifellos gilt die Bundesrepublik in dieser Hinsicht vorläufig als unterentwickeltes Land. Unterentwickelt vor allem im Hinblick auf die mangelhafte Verbreitung des Wissens von der Notwendigkeit einer mitmenschlichen Behandlung psychisch Kranker.»

Waren es früher vorrangig die politischen Strukturen, die eine Verbesserung der psychiatrischen Verhältnisse zum Wohle der Patienten verhinderten, so ist heute das Finanzargument an diese Stelle getreten. Manchmal aber wird es auch nur vorgeschoben. Man kann natürlich sagen: «Steckt nicht so viele Milliarden in die Rüstung, damit wir alle länger leben und mehr Geld für andere, wichtigere Sachen übrigbleibt.» Wenn man das sagt, liegt man immer richtig, auch wenn das diejenigen, die politisch am Ruder sind, und die, die gerne wieder rudern würden, nicht gerne hören. Aber abgesehen davon gibt es noch einen anderen Weg, zum Ziel zu kommen.
Das vorhandene Geld müßte anders verteilt werden. In dieser Hinsicht herrscht nämlich in der Bundesrepublik das totale Chaos. Es existieren Tausende und aber Tausende von Einrichtungen, die alle nebeneinander der psychosozialen Versorgung dienen. Dies alles

aber völlig planlos, ohne Struktur und Kommunikation; finanziert von Bund, Land, Bezirk und Kommune; betrieben als Teileinrichtung der Verbände der freien Wohlfahrtspflege, als privater «Verein» oder als «GmbH». Hinzu kommen niedergelassene Ärzte und ein paar wenige Selbsthilfeeinrichtungen, die allerdings zumeist kurz vor dem finanziellen Ruin stehen.
Das sieht etwa so aus:
Wie gesagt: Alles läuft ohne Koordination, ohne Plan. Der Patient weiß nie, was ihn in der einen oder anderen Richtung erwartet. Die Folge ist eine Betreuung oder Behandlung, die häufig von Konkurrenzdenken begleitet ist. Doppel- und Mehrfachbetreuungen sind an der Tagesordnung und stehen im krassen Gegensatz zu der Nichtbetreuung so vieler.
Die Beratungsstellen des einen Trägers (z. B. Caritas) sind in einem Verbund, zu dem auch ein heilpädagogisches Heim oder eine jugendpsychiatrische Anstalt gehört. Die Beratungsstelle des anderen Trägers (z. B. Deutscher Paritätischer Wohlfahrtsverband) ist in einem Verbund, zu dem auch Kindertagesstätten gehören.
Folge: Je nachdem, wohin eine Mutter mit einem Kind, das als «verhaltensauffällig» eingestuft worden ist, zufällig gerät, bestehen große Chancen, daß das Kind entweder in einem Heim oder in der Jugendpsychiatrie landet oder in einer Kindertagesstätte. Das liegt nicht daran, daß die einen Leute dem Kind Böses wollen und die anderen nicht. Das liegt nur an der Struktur der Beratungsdienste, an ihrer Unterschiedlichkeit und daran, daß sie es sich finanziell nicht leisten können, einen Platz leer stehen zu lassen.
Es wird also nicht vorrangig unter dem Blickwinkel entschieden, was dem Kind fehlt und was am besten zu tun ist, sondern danach, ob ein Platz oder ein Bett frei ist. Gelder werden pro besetztem Bett oder Platz gezahlt.
Bleiben Plätze unbesetzt, so wirkt sich das auch auf die Stellenzahl der Mitarbeiter aus. Bleibt ein Platz länger unbesetzt, wird das Personal reduziert. Da aber sowieso schon zu wenig Personal eingestellt wird, sind auch die Mitarbeiter nicht daran interessiert, Plätze längere Zeit unbesetzt zu lassen. Ein wahrlich wahnsinniger Finanzierungsmodus.

Zugrunde liegt die Tatsache, daß das Gesundheitswesen mittlerweile organisiert und finanziert wird wie ein kapitalistischer Industriebetrieb: Es gibt Gewinn- und Verlustrechnungen; Rationalisierung steht an oberster Stelle. Alles mit der angeblichen Absicht, Geld zu sparen.
Im Sinne der Betroffenen ist das alles nicht. Im Gegenteil: Der Trend zur Rationalisierung bringt es mit sich, daß immer größere Bereiche des Gesundheitswesens, insbesondere auch der psychosozialen Versorgung und Beratung, privatisiert werden. Das, was der Staat leisten müßte, wird von Kapitalgesellschaften betrieben, die den Mantel der «Gemeinnützigkeit» erhalten. Damit will man das schlechte Gewissen beruhigen, da «Gemeinnützigkeit» eine öffentliche Kontrolle vorschreibt. In der Praxis aber hat das nicht viel zu bedeuten. Tatsache ist nämlich, daß solche Gesellschaften mit der Not der Menschen gute Geschäfte machen können.

Daß alles auch anders zu regeln ist zeigt das Beispiel aus Holland: Hier ist zwar auch der Psychiater die Hauptanlaufstelle für psychisch Erkrankte. Aber er hat nicht das alleinige Monopol über die Entscheidung, ob jemand in die Klinik eingewiesen wird oder nicht. Nicht, weil man dem Psychiater nichts Gutes zutraut, sondern weil man in Holland erkannt hat, daß ein einzelner Arzt mit der ständig auf ihn zukommenden Entscheidung: Einweisung oder nicht? total überfordert ist.
Zwischen Arzt und Klinik existiert deshalb im Land der Tulpen ein psychosozialer Beratungsdienst, in dem Mitarbeiter der verschiedensten Berufsgruppen beschäftigt sind (Sozialarbeiter, Psychologen, Ärzte, Krankenschwestern, Therapeuten). Hier nimmt man sich für den Klienten viel Zeit. In dem einen oder anderen Fall wird man sich auch hier mit dem Klienten zusammen für einen Klinikaufenthalt entscheiden. Fehlentscheidungen aber sind fast ausgeschlossen.
Das wichtigste aber: die Finanzierung ist grundsätzlich anders als bei uns. Sie ist weder an Betten oder Plätze noch an die Mitarbeiterstellen gekoppelt. Sowohl Beratungsstelle als auch Klinik werden über einen feststehenden Betrag finanziert. Abgesehen davon,

daß so alles kostengünstiger ist als bei uns, läßt sich so auch die Zahl der Einweisungen zusätzlich reduzieren.

Die Änderung des Finanzierungsmodus oder eine Veränderung der Organisationsstruktur des Gesundheitswesens – das allein kann keine wirkliche Verbesserung der immer noch von Inhumanität geprägten Zustände in der Psychiatrie bewirken. Entscheidend ist, wie man, d. h. alle in der Gesellschaft lebenden Menschen, über psychisch Leidende denkt. Sieht man in ihnen die Kranken, die «behandelt» und somit in einem Krankenhaus isoliert werden müssen, oder sieht man sie als Mitmenschen, die über Verhältnisse, die man selbst imstande ist auszuhalten, verzweifelt sind. Mit denen man also sprechen muß, mit denen man umgehen muß, die man nicht abschieben darf, schon gar nicht für immer.
Jeder kann da mithelfen. Dabei muß er sich nicht einmal persönlich um einen psychisch Leidenden kümmern. Dazu muß er nicht in der Psychiatrie beruflich tätig sein. Dazu muß er auch nicht hauptamtlich Politiker sein. Es hat vielmehr etwas mit Vorsorge zu tun. Wenn seelische Leiden viel mit den sozialen und gesamtgesellschaftlichen Verhältnissen zu tun haben, dann bewirkt jeder, der sich in einem Teilbereich der Gesellschaft für Veränderungen und Verbesserungen einsetzt, gleichzeitig, daß weniger Menschen zu einem «psychiatrischen Fall» werden. Das Arbeitsfeld in dieser Hinsicht ist weit. Es reicht von der Schule über den Betrieb bis in die Familien hinein, betrifft die Erziehung, Partnerschaft und Sexualität. Es betrifft alle Lebensbereiche des Menschen.
Die unwürdigsten Bedingungen herrschen in den großen Landeskrankenhäusern. Je nachdem, wie groß die Wut über die Verhältnisse in den Großkrankenhäusern ist, sind auch die Forderungen radikal oder weniger radikal. Hier die Rangordnung:
1. Auflösung der gesamten Psychiatrie;
2. Auflösung der Landeskrankenhäuser und Schließung der zuständigen Behörden;
3. Auflösung der Landeskrankenhäuser;
4. Langsame Auflösung der Landeskrankenhäuser, gleichzeitiger Aufbau einer sogenannten gemeindenahen Psychiatrie.

Stop dem Wahnsinn

1. Du sollst funktionieren.
2. Du sollst Leistung erbringen.
3. Du sollst dich verwalten lassen.
4. Du sollst dich betreuen lassen.
6. Du sollst unselbständig sein.
6. Du sollst geschlechtslos sein.
7. Du sollst dich in dein Schicksal fügen.
8. Du sollst anspruchslos sein.
9. Du sollst untertan sein.
10. Du sollst auch noch dankbar sein.

(Die «Zehn Gebote» des Lebens in einer Anstalt. Formuliert aus der Sicht der Betroffenen. Vorgestellt in der Dortmunder Westfalenhalle anläßlich einer glanzvollen Feier zum Beginn des «Jahres der Behinderten 1981».)

Die Familie

Der Umgang mit psychisch gestörten Menschen erfordert von ihrer Umwelt viel Verständnis und Kraft. Die hat nicht jeder. Deshalb ist das Zusammenleben mit psychisch Kranken in den Familien und im Wohngebiet nicht einfach. «Gemeindenahe Psychiatrie» bedeutet auch, daß sich die Menschen wieder mehr um den erkrankten Mitmenschen kümmern müssen. Erwiesen ist, daß die Bereitschaft dazu bei den Nachbarn im Viertel, insbesondere bei den Familienangehörigen da ist. Ohne Hilfen jedoch sind Angehörige häufig in der Gefahr, selbst krank zu werden, weil die Probleme zu groß sind und die Belastungen riesig. Andrea schilderte uns ihr Zusammenleben mit der Mutter.

Die Familie
Die Großmutter hat in dem kleinen Handwerksbetrieb das Sagen. Der Vater ist ein harter Arbeiter. Er beschäftigt mehrere Angestellte und hat das Geschäft vor zehn Jahren, nach dem Tod des Großvaters, übernommen. Der Sohn hat das Haus verlassen und reist durch die Welt.

Andrea, die Tochter
hat den Beruf einer Krankenschwester in der Psychiatrie erlernt. Kürzlich ist sie zu Hause ausgezogen. Andrea ist 23 Jahre alt.

Susanne, die Mutter
Man sagt, sie habe während der Geburt ihrer Tochter eine «Wochenbettpsychose» bekommen. Seither sind 24 Jahre vergangen. Susanne ist heute 43 Jahre alt, die Ärzte diagnostizieren Schizophrenie und Zyklothymie. Susanne ist abwechselnd zu Hause und in der Klinik.

Ereignisse

Andrea: «Meine Oma hat mir erzählt, daß meine Mutter schon ganz früher, als sie noch gar nicht verheiratet war, eines Nachts angerufen und gesagt hat, sie hätte panische Angst um meinen Vater. Sie dachte, er wäre verunglückt, obwohl er zu Hause war und sie gerade miteinander telefoniert hatten. Sie hatte es sich nur eingebildet.
Sie hat mich nicht versorgt oder gewickelt oder mich gefüttert. Sie hat den ganzen Tag Zeit dafür gehabt und es nicht getan.

Im letzten Jahr, da war 'ne Sache. Erst mal hat sie panische Angst gehabt und Stimmen gehört. Eigentlich klar, wenn du den ganzen Tag alleine sitzt, daß man da auch mal Stimmen hört. Also, sie hat ein Taxi angerufen und ist umhergefahren, Tag und Nacht. Zwischendurch rief sie auf meiner Arbeitsstelle an und sagte zu meinen Kollegen, mein Bruder, der müßte zu einem Kardiologen. Mein Bruder war als kleiner Junge am Herz operiert worden. Sie dachte, es ginge meinem Bruder schlecht und auch mit mir sei etwas nicht in Ordnung. Hinterher haben wir erfahren, sie hat sich einfach ins Grüne fahren lassen, hat sich irgendwo absetzen lassen, im Wald, am Friedhof. Da ist sie zu den verstorbenen Verwandten ihrer Familie gegangen.

Am Montag hat sie bei der Bank angerufen und alle Wertsachen zu Geld gemacht. Dann hat sie für meinen Bruder und mich das Testament gemacht, hat die Sparbücher auf uns überschrieben. Die Bank rief bei uns an, ob auch alles in Ordnung sei. Denen war es auch nicht geheuer, denn meine Mutter stand mit einer Taxifahrerin am Bankschalter; der hat sie 2000 Mark in die Hand gedrückt und gesagt: ‹Das ist für dich.› Dann hat sie noch eine Riesensumme abgeholt und eine große Menge Schmuck gekauft. Das sollte alles für meinen Bruder und mich sein. Sie ist dann bei der Taxifahrerin geblieben, bepackt mit Geld, sämtlichen Kontobüchern, zwei Alcantaramänteln und dem ganzen Schmuck an den Händen.
Wir hatten große Angst. Sie hat dann bei der Taxifahrerin tiefe Depressionen gekriegt und unaufhörlich geweint. Sie ist dann erst einmal in ein Krankenhaus gekommen.

Ja, Weihnachten, Weihnachten. Meine Mutter geht unheimlich gerne tanzen. Sie möchte immer wieder tanzen gehen. Sie achtet unheimlich auf Äußerlichkeiten. Weihnachten wollten wir essen gehen. Meine Mutter hat große Angst vor Familienfesten. Deshalb sagt sie auch immer kurzfristig ab. Das war schon immer so. Dadurch wurden Einladungen erst gar nicht mehr angenommen, weil klar war: Die sagt doch wieder ab. Unheimliche Peinlichkeiten sind entstanden. Die Leute sagten, wir holen euch ab. Wenn sie dann da waren, sagte sie nein. Vater hatte sich schon gefreut, dann fiel alles ins Wasser. Ohne sie aber will er nicht gehen. Die Kontakte werden immer weniger. Kürzlich hat mein Vater auch das Kegeln aufgegeben, weil sie dort sehr abfällig und widerwärtig von seiner Frau gesprochen haben. So etwa: ‹Och, die Alte, wenn die schon wieder ihre Depression hat› ... Das hat ihn bis ins Mark getroffen.

Dann hat sie die Scheidung eingereicht. Sie ist nachmittags weggefahren und abends zurückgekommen. Am nächsten Tag hat sie meinem Vater einen handschriftlichen Brief übergeben. Da stand drin, daß sie ihre Scheidung zurückzieht. Vater ist aus allen Wolken gefallen. Sie hat ihn gebeten, diesen Brief an einen Rechtsanwalt abzuschicken. Das hat er aber nicht gemacht und hat es ihr auch gesagt. Einige Tage später kam von einem Anwalt eine Einladung, meine Mutter wolle zu Hause ausziehen, und es müßte über die Finanzierung gesprochen werden. Mein Vater fragte mich dann wieder, was er tun solle: ‹Soll ich sagen, die Frau ist krank, die kann nicht alleine wohnen? Soll ich sagen, daß sie am nächsten Tag alles zurückziehen wollte? Wie soll ich mich verhalten?›
Er hat dann erst einmal nichts gemacht.

Meine Mutter sollte dann in die Klinik. Meine Oma hat mich angerufen. Ich sollte kommen. Mama ins Krankenhaus bringen. Auf der Fahrt sagte sie dann, sie müßte sterben. Sie könnte nicht mehr atmen, und was ich jetzt mit ihr machen würde. Sie sagte, sie könnte auch nicht mehr gehen. Ich müßte unbedingt einen Rollstuhl besorgen. Das haben die Pfleger auch gemacht. Aber als sie mit dem Rollstuhl da waren, konnte sie wieder gehen.

Morgens hat sie noch die Boxen aus der Wand gerissen. Mein Bruder wollte ihr am nächsten Tag das Radio ins Krankenhaus bringen. Aber sie hatte panische Angst vor dem Radio. Wenn das Radio eingeschaltet würde, würden Strahlen auf sie kommen. Da kriegte es mein Bruder auch mit der Angst. Der kriegte die totale Panik. Er sagte dann: ‹Hör mal, da sind fünf Knöpfe, und die mußt du drükken, da ist nichts mit Strahlen.› Aber er konnte ihr das nicht ausreden.

Vor einigen Jahren hatte sie ein Hobby. Sie hat angefangen Teppiche zu knüpfen, Bettumrandungen, die tollsten Sachen. Da hat sie viel Anerkennung bekommen, obwohl die Arbeit ja nach einiger Zeit ziemlich stumpfsinnig war und nur noch Ausdauer erforderte. Ausdauer hatte sie. Sie saß Stunden um Stunden da; acht Stunden am Tag hat sie im Wohnzimmer Teppiche geknüpft. Im Dezember ist dann nichts mehr gelungen. Sie wollte noch ein kleines Kissen machen. Aber es ging nicht mehr. Sie kam nicht mehr klar. Sie hat nichts mehr geschafft. Sie hat Tabletten genommen und gesagt, sie wolle sterben.

Mein Vater sagte, was soll das Personal denken. Sie stand nämlich manchmal schon um vier Uhr morgens in der Backstube. Sie konnte nicht mehr schlafen und hatte im Radio einen Witz gehört. Den wollte sie erzählen. Sie kriegte aber den Zusammenhang nicht mehr hin, sondern lachte bloß. Das war meinem Vater peinlich. Und sie spürte das.

Ich glaube, die ganze Sache kommt ins Rollen. Ich habe den Eindruck, auf einem sinkenden Schiff zu sein. Das ist 'ne Gratwanderung, wenn beide zu Hause sind. Kurze Zeit geht es gut. Dann bricht alles zusammen. Meine Mutter flüchtet in die Klinik, macht vorher noch 'nen kleinen Tablettenmißbrauch, schreibt Abschiedsbriefe. Mein Vater kann es nicht ertragen, daß sie Abschiedsbriefe schreibt. Er trinkt im Moment nur noch. Man hat ihm geraten, eine Therapie zu machen.

Reaktionen – Reflexionen

Ich hab an meine Mutter keine Erinnerung. Ich weiß nichts. Ich erinnere mich an meinen Vater, meine Oma, meinen Großvater, die uns erzogen haben. Aber von meiner Mutter weiß ich nichts.

Die nahe Beziehung zwischen meinem Vater und meiner Mutter; ohne diese Beziehung wäre meine Mutter möglicherweise nicht psychotisch geworden. Aber sie wäre dann wahrscheinlich ein sehr einsamer Mensch ...

Mein Vater kann und will nicht ohne sie leben. Er braucht das wahrscheinlich, so zerstörerisch es auch ist. Er hat sich von seinem Bekanntenkreis völlig isoliert.

Als Kind habe ich immer gehört: ‹Langenfeld›; ‹Kalkhausen›. Das ist der Stadtbezirk, wo das Krankenhaus liegt. ‹Du gehörst nach Klakes›, sagten die. Da bin ich immer furchtbar erschrocken, weil ich ja da immer meine Mutter besucht habe. Das war für mich eine Alltäglichkeit. Für mich war das normal.

Als Kind, da gab es mich und sie. Ich wollte etwas von ihr als Mutter, und das konnte ich nicht bekommen. So mit zwölf war ich sicherlich auch Rivalin für sie bei meinem Vater. Denn ich habe einen sehr engen Kontakt zu meinem Vater. Das spürte sie. Meinen Vater sehe ich immer als hilflos, als schwach, ausgeliefert. Mein Vater hat eine grenzenlose Geduld mit meiner Mutter, grenzenlos.

Mein Bruder? Der lebt die Träume und Phantasien meines Vaters. Der ist für ein Jahr nach Afrika gefahren. Der belastet sich mit all den Sachen nicht. Er spricht nicht darüber, frißt alles in sich rein und leidet sehr darunter. Er hat auch nur ein geringes Maß an Verständnis. Er dreht manchmal durch. Der kann das nicht ertragen, wie sie mit ihm umgeht. Er kann es zu Hause nicht mehr aushalten. Er geht nicht mehr zur Schule, er will nicht mehr in Deutschland leben.

Wenn meine Mutter in der Klinik ist, will sie meinen Vater manchmal nicht sehen. Das trifft ihn tief. Er sagt dann: ‹Ich liebe sie doch.› Er hat ihr auch gesagt, sie sei seine liebste Schwester. So Sachen laufen da ab. Die machen sich total kaputt.

Ihre eigene Familie hat sich total von ihr gelöst. Da ist nichts mehr. Kein Kontakt. Jemand, der ständig in die Klinik kommt. Was sollen sie damit?

Ich konnte es zu Hause überhaupt nicht aushalten. Auch als Kind nicht. Ich war ständig unterwegs. Je älter ich wurde, desto weniger war ich zu Hause. Richtig Ruhe habe ich da nie gehabt. Es lag immer ein ungeheurer Druck auf mir, ein ungeheures Maß an Verantwortung.

Trotzdem hatte ich immer das Gefühl, ich sei unfähig, zu Hause auszuziehen. Ich habe es meinen Freunden gegenüber so verkauft, als wenn alles prima wäre. Die Ausbildungsstelle wäre in der Nähe, nur fünf Kilometer. Warum sollte ich ausziehen?

Mein Vater hat große Schuldgefühle. Er steht dann da und sagt: ‹Was habe ich falsch gemacht? Habe ich was falsch gemacht? Kann ich was ändern? Was kann ich tun, damit sie anders wird?›

Ich habe nie Schuldgefühle gehabt. Nie. Oder doch? Ich habe schon oft gedacht ... es hing ja mit meiner Geburt zusammen. Also, seit meiner Geburt war sie krank. Das hat mich doch jahrelang belastet.

Wenn es mir schlecht ging, wenn es in der Schule nicht richtig lief, dann hieß es immer: ‹Sei vorsichtig; du bist wie die Mama. Die hat auch nichts zum Abschluß gebracht. Die hat nichts geschafft. Die hat alles abgebrochen. Du bist auch so. Du hast auch schon Depressionen. Reiß dich am Riemen.› Das war meine Oma. ‹Reiß dich am Riemen.› Das war ihr Satz.

Vor einem halben Jahr stand meine Oma mit Tränen in den Augen in der Tür und sagte: ‹Hör mal, Andrea, krieg keine Kinder.› Sie hätte wieder gehört, sagte sie, wenn ich Kinder bekommen würde, die würden sicherlich auch krank werden. Das war ein Problem, das mich Jahre lang belastet hat. Überhaupt hat mich das Ganze stark belastet.

Es war der Wunsch meiner Mutter, daß ich zu ihr ziehe. Dabei war ich gerade zu Hause ausgezogen. Ich habe gesagt: ‹Nee, Mama, das nicht.›
Da sagte sie: ‹Ich ziehe als Nachbarin zu dir.›
Ich: ‹Nee, auch das nicht.›
Wenn ich nicht will wie sie, dann verflucht sie mich, wünscht mir alle möglichen Schizophrenien an den Hals. Ich sag dann: ‹Gut, krieg ich eben eine Schizophrenie. Dann sind wir ja quitt. Aber du ziehst nicht zu mir. Ich will erst einmal für mich leben.› Hinterher hatte ich natürlich wieder Schuldgefühle. Es ging mir schlecht. Was für ein mieser Mensch war ich doch, ich, mit meinem Anspruch.

Ja, was tun? Von den Ärzten und Therapeuten ist ja niemand jemals in die Familie reingekommen. Die waren immer draußen. Die sind in den Kliniken. Die trifft man nur bei den stationären Aufenthalten. Eine Familientherapie, ja, vor Jahren, da hätte meine Oma noch mitmachen können. Da wäre auch klar geworden, wer alles trägt. Das hätte ermöglicht, aus der Familie rauszugehen, wenn von außen eine Stütze dagewesen wäre. Aber man hat eben nur Medikamente verabreicht. Die Ärzte haben meinen Vater auch schon mal aufgefordert, den Betrieb aufzugeben, sich eine neue Existenz zu suchen. Aber das war ihm eine Nummer zu groß. Mit meiner Mutter so ein Wagnis einzugehen.

Mein Vater bringt es nicht, sie für immer gehen zu lassen. Seine Eltern hätten früher sagen können: ‹Was, mit 'ner kranken Frau willst du durchs Leben gehen, die ihre Kinder nicht erziehen kann, die für die keine Mutter ist. Das stützen wir nicht. Sieh zu, wie du klar kommst.› Dann hätte er vor der Situation gestanden, sich von ihr zu trennen.

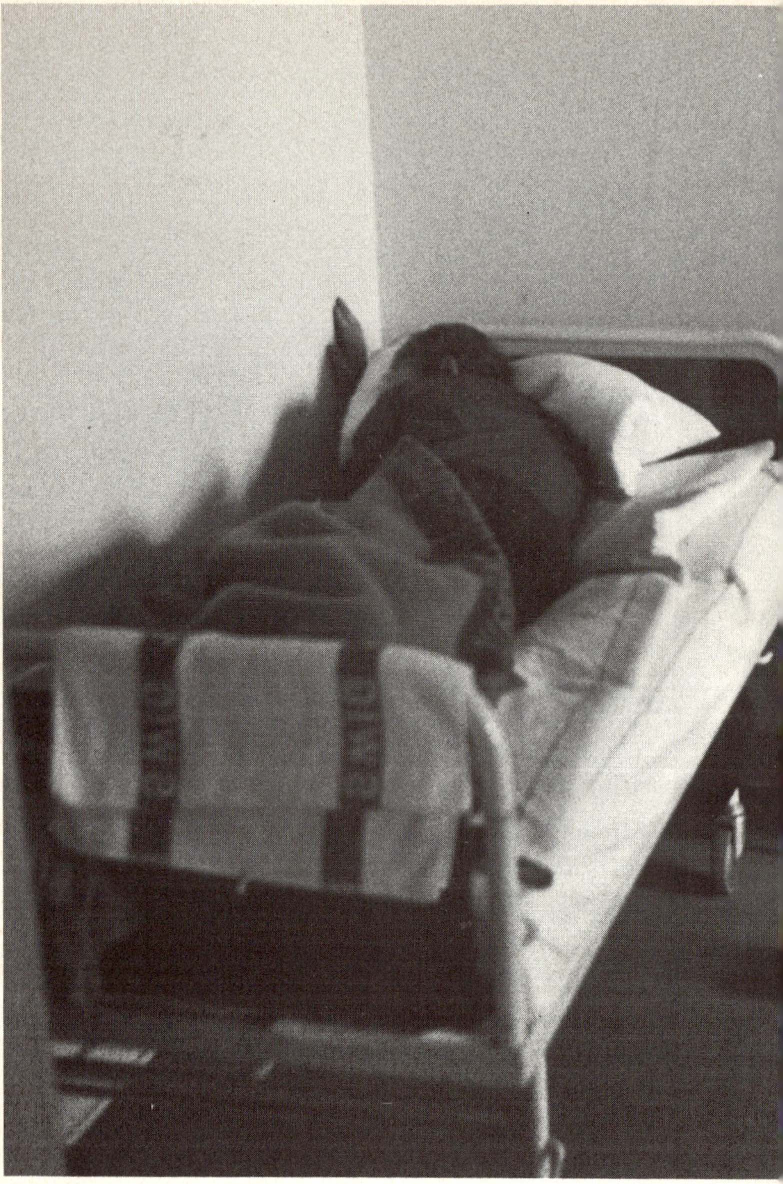

Aber die Eltern haben das nicht gemacht. Sie haben alles, was sie gemacht haben, gerne gemacht. Niemand würde heute sagen, wir bereuen, was gelaufen ist. Nur jetzt, über die Jahre, ist es hart. Und mein Vater will es nicht wahrhaben. Er braucht sie sicherlich mehr als sie ihn. Sie formuliert es so, daß sie gerne jemanden hätte, der jeden Tag mit ihr tanzen geht. Damit kann er nicht umgehen. Er sieht nicht, daß es wahrscheinlich die einzige Möglichkeit für sie ist zu leben.

In dem Maße, wie ich mich löse, wird es brenzliger. Es wird sehr gefährlich. Man kann nicht alles alleine tragen. Mittlerweile sind auch Existenzängste da. Was wird, wenn Oma stirbt. Mein Vater weiß halt nicht, wie es mit dem Geschäft weitergehen wird. Er weiß, er hat 'ne kranke Frau ...

Mein Vater hat in den letzten Tagen einen Arzt gerufen und ihn gefragt, ob er bei ihm Therapie machen könnte. Er hat mich dann gefragt: ‹Wenn ich Therapie mache, bin ich dann verrückt? Was ist mit mir? Bin ich in Ordnung oder bin ich krank? Ich kann doch reden. Ich kann doch alles erzählen.›
Ja, das kann er auch. Er erzählt jedem sein Leben. Aber er läßt nichts an sich heran.

Ich hab panische Angst davor, irgendwann machen beide 'nen Suizid. Die stehen kurz davor. Dieses Halten. Wir haben immer nur gehalten, solange die Familie zusammen war ...

Andreas Mutter, Susanne, ist psychisch krank. Seit zwanzig Jahren lebt sie in ihrer Familie. Mit kleinen Unterbrechungen. Der Opa ist seit zehn Jahren tot. Die Oma wird jetzt siebzig. Die Tochter will ihr eigenes Leben leben. Der Sohn flüchtet in andere Kontinente. Und der Vater weiß nicht mehr weiter ...
Was wird werden?

Gemeindenahe Psychiatrie

Der Wahnsinn ist durch die Enquete sozusagen staatlich diagnostiziert worden. Der Wahnsinn der rücksichtslosen Ausgrenzung der Irren in der Bundesrepublik Deutschland. Die Enquete prägte auch jenen Begriff von der «gemeindenahen Psychiatrie», fortan Hoffnungsschimmer für die Eingeschlossenen und Entrechteten in den großen Anstalten.
Viele gesellschaftliche Gruppen, Vereine, Institutionen, Organisationen, Parteien und Verbände haben sich inzwischen zu diesem Thema zu Wort gemeldet und dargelegt, was sie darunter verstehen und wie sie sich «gemeindenahe Psychiatrie» in der Praxis vorstellen. Alle schöpfen sie aus dem Fundus der Psychiatrie-Enquete, wo in der Tat nicht nur die schrecklichen Tatsachen benannt sind, sondern auch aufgezeichnet ist, was alles getan werden könnte und müßte, damit die Menschen erst gar nicht zu einem psychiatrischen Fall werden; wie mit ihnen umgegangen werden müßte, damit sie in ihrem Leben wieder einen Sinn sehen und ihre Krankheit ertragen können oder aber aus ihr herausfinden.
Als Berufsorganisation der in der Psychiatrie Beschäftigten, in der allerdings auch Patienten und ihre Angehörigen Mitglied sein können, forderte die «Deutsche Gesellschaft für Soziale Psychiatrie» (DGSP) im Jahre 1980 anläßlich eines Sternmarsches nach Bonn erneut die Auflösung der psychiatrischen Großkrankenhäuser. An ihre Stelle sollen die nachfolgend aufgeführten Einrichtungen treten:

- Ambulante Dienste – am Krankenhaus oder eigenständig in der Gemeinde –, in denen Ärzte, Psychologen, Sozialarbeiter, Schwestern und Pfleger für genau definierte Versorgungsgebiete folgende Aufgaben übernehmen: Prävention und Beratung, Therapie und Nachsorge.
- Tageskliniken und Tagesstätten für Akutbehandlung und Re-

habilitationsangebote. Hier können Patienten, die selbständig oder bei ihrer Familie wohnen, tagsüber behandelt oder beschäftigt werden. Eine Vollhospitalisierung wird dadurch vermieden. In Großbritannien gibt es 380 derartige teilstationäre Dienste, in der Bundesrepublik keine 20.

- Beschützte Wohnangebote mit gestufter therapeutischer und sozialer Begleitung für die Kranken und Behinderten, die nicht oder noch nicht selbständig leben können.
- Clubs und Begegnungsstätten für psychisch leidende Bürger, die von Isolation bedroht sind, die nicht arbeiten können, aber eine sinnvolle Beschäftigung in der Gemeinschaft brauchen. Durch derartige Angebote könnten viele jetzt allein lebende, immer wieder von Krankenhauseinweisungen bedrohte Patienten dauerhaft integriert werden.
- Ausbildungs- und Arbeitsmöglichkeiten, die von den Anforderungen her Rücksicht nehmen auf die schwankende Belastungsfähigkeit von Menschen, die psychisch krank waren.

Auf dem Papier ist also schon alles verzeichnet, was gut ist und die Situation der psychisch kranken Menschen verbessern kann. Es gibt in vielen Städten der Bundesrepublik auch sogenannte psychosoziale Arbeitsgemeinschaften, die sich u. a. mit den Fragen der Realisierung «gemeindenaher Psychiatrie» befassen. Denn mit der Realisierung steht es aus den bekannten politischen Gründen nicht zum besten. Man kann sagen, es sieht immer noch miserabel aus.

Gemeindenahe Psychiatrie heißt auch:
«Jede Region, jede Stadt, jeder Kreis schafft sich selbst die Betten, Tagesklinik-Plätze, ambulanten Dienste, Clubs, Wohn- und Arbeitsmöglichkeiten, die notwendig sind, um den Bedürfnissen der seelisch leidenden Gemeindemitglieder zu entsprechen. Die dazu gehörende Haltung lautet: Hilfe zur Selbsthilfe ...» (Der Psychiater Prof. Klaus Dörner anläßlich der Sternfahrt nach Bonn am 19. 10. 1980)

Wie gesagt, es gibt Leute, die wollen hier und jetzt die Großkrankenhäuser schließen. Sie sind so wütend auf die Zustände in den großen Anstalten, daß sie am liebsten die gesamte Psychiatrie abschaffen würden. Würde man so verfahren, würden die psychisch Kranken in der Bundesrepublik ziemlich hilflos dastehen. Denn so human ist unsere Gesellschaft und sind auch die in ihr lebenden Menschen nicht, daß das gut gehen könnte. Die Auflösung der Großkrankenhäuser soll deshalb schrittweise vonstatten gehen (so auch nach Meinung der DGSP).

Zur gleichen Zeit sollen die gemeindenahen psychosozialen Einrichtungen aufgebaut werden, möglichst von Mitarbeitern der ehemaligen Kliniken, die in Fort- und Weiterbildungskursen auf ihre neuen Aufgaben vorbereitet werden könnten.

Aber irgendwo hakt es. Einerseits bestehen die Großkliniken weiter. Sie werden sogar auf Hochglanz gebracht und nur hier und da in der Bettenzahl etwas reduziert. Andererseits laufen unter dem Etikett der «gemeindenahen Psychiatrie» auch Einrichtungen, denen es nicht unbedingt um das Wohl psychisch Kranker geht.

Begehrliche Blicke richten sich auf die finanziellen Mittel, die die Bundesregierung – wenn auch inzwischen gekürzt – für einen Modellversuch gemeindenaher psychosozialer Versorgung bereitgestellt hat.

Überall in der Bundesrepublik entstehen Heime, Therapieeinrichtungen sowie Krankenhäuser in privater Trägerschaft mit eindeutig kommerzieller Zielrichtung. Alles – wohlgemerkt – bei Weiterbestehen der Irrenanstalten.

Neben dem Gewinnstreben gibt es aber noch andere Gefahren des Mißbrauchs von Einrichtungen der «gemeindenahen Psychiatrie». Als Beispiel hierfür kann eine «Jugend-, Konflikt- und Drogenberatungsstelle» im Herner Stadtteil Wanne-Eickel angesehen werden. Mit einer «modellgerechten» vorläufigen Konzeption pirschte sich eine Gruppe von Damen und Herren an die finanziellen Mittel heran, die über das Bundesministerium für Jugend, Familie und Gesundheit für den Ausbau von Modelleinrichtungen der psychosozialen Versorgung bereit stehen. Das Projekt firmierte als «eingetragener Verein». Zuvor war die Drogenberatungstätigkeit seitens der Stadt eingestellt worden. Wohl kaum zufällig fanden sich städtische Honoratioren im Vorstand des Vereins wieder. Mit einem

solchen «Vertrauensvorschuß» gelang es problemlos, mit 5 Millionen Mark dabei zu sein.
Die später im Detail ausgearbeitete und den Mitarbeitern bei Einstellung präsentierte Konzeption aber hatte es in sich. So wurde unter der Überschrift «Früherfassung von Gefährdeten» zu einer systematischen Fahndung nach drogengefährdeten Jugendlichen aufgerufen. Zitat: «Die Suche nach dem Gefährdeten muß ... als neues Aufgabenfeld gesehen werden.»
Laut Konzept sollten die Berater ihre Fahndungsarbeit in Schulen, Betrieben, Jugendtreffs, in Sportvereinen, Jugendorganisationen, Diskotheken und sozialen Brennpunkten leisten. Hingewiesen wurde auf «besondere Fährtensucher», die der Vereinsvorstand unter den Mitgliedern von Schülervertretungen, unter Übungsleitern von Sportvereinen und unter Lehrern rekrutieren wollte.
Unterstützend für die «Früherfassung» sollte auch ein «Netz spezieller Hilfen» geknüpft werden. Neben einer engen Zusammenarbeit mit Justiz und Polizei wurde auch Wert auf die lückenlose Überwachung der eigenen Mitarbeiter gelegt, inzwischen sieben an der Zahl. Zur Kontrolle waren ein «Dienstbuch», ein «Abwesenheitsbuch» und ein «Bereitschaftsbuch» vorgesehen.
Obwohl im Raum um Herne als Angebot dringend nötig, platzte diese Art von «Beratung» glücklicherweise, weil die Mitarbeiter so nicht mitspielten. Ergebnis: Es gibt bis heute (Sommer 1981) keine ausreichende Beratung im Raum Herne. Die unbequemen Berater verloren ihren Arbeitsplatz. Die Gefahr, daß unter dem Deckmantel «gemeindenaher Psychiatrie» eine Kontrolle und Überwachung möglichst aller auffälligen Bürger betrieben wird, besteht weiter.

Die kleinen Utopien
oder:
Human-Test

Oase in der Wüste: Klinik Rheydt

Eine der wenigen Gegenden weit und breit, in denen den psychisch kranken Menschen um eine Klinik herum «gemeindenah» geholfen wird, ist der Mönchengladbacher Stadtteil Rheydt. Hier versucht man im Sinne der Enquete, eine psychosoziale Versorgung aufzubauen, die den Schwerpunkt auf die Beratung legt und auf das Gespräch.
Auf den ersten Blick sieht alles aus wie üblich. Alte Backsteingebäude auf einem parkähnlichen Grundstück, umgeben von einer hohen Mauer. LKH. Wir wußten natürlich schon, daß hier einiges anders gemacht wird als anderswo. Die Mitarbeiter (Sozialarbeiter, Ärzte, Psychologen, Pfleger, Therapeuten) hatten die Chance, von Anfang an alles besser zu machen. Die Klinik liegt mitten im Mönchengladbacher Stadtteil Rheydt.
Was hier alles wie gemacht wird, sollen die Leute selbst sagen.

Der Chefarzt: «Wir haben eigentlich von Anfang an die Klinik nicht als ein isoliertes Versorgungs-Instrument der Stadt betrachtet, sondern versucht, die Angehörigen in den therapeutischen Prozeß hineinzuziehen und Kontakte herzustellen zu den psychosozialen Diensten der Stadt, zu Ämtern und Behörden.
Eine meiner ersten Arbeiten war es, daß ich bei vielen Stellen Besuche gemacht und die Klinik vorgestellt habe. Wir haben auch versucht, ein vernünftiges Kooperationsverhältnis zu den Institutionen aufzubauen, mit denen wir es im Interesse unserer Patienten für erforderlich hielten. Es kam zu regelmäßigen Konsultationen, z. B. einem monatlichen Treffen mit den Mitarbeitern des Amtes für soziale Dienste. Eine enge Zusammenarbeit entwickelte sich mit dem Gesundheitsamt, der Drogenberatungsstelle, auch mit dem Gesundheitsamt für den psychiatrischen Bereich, den Alten- und Pflegeheimen und neuerdings mit den Sozialstationen. Für die Mitarbeiter von Altenheimen fanden in den letzten Jahren beispielsweise

Seminarveranstaltungen statt zum Thema: ‹Umgang mit psychisch veränderten alten Menschen›. Auf diese Weise ist ein weitverzweigtes Netz von Beziehungen entstanden, das der psychosozialen Versorgung zugute kommt.
Es besteht u. a. ein Abkommen, daß einer unserer Mitarbeiter im Gesundheitsamt tätig wird und dort die psychiatrischen Aufgaben übernimmt. Es wurde ein Verein gegründet, der als Träger von Wohngemeinschaften fungiert. Zur Zeit sind wir dabei, unsere Kontakte zur Arbeitswelt zu intensivieren. Es werden jetzt Betriebsbesichtigungen durchgeführt. Wir wollen sehen, ob es gelingt, Kontakte herzustellen, um auch in den Betrieben mehr Verständnis für die Belange der psychisch Kranken zu erwecken. Dies geschieht mit dem Ziel, behinderte Klienten unterzubringen.»

Hier wird also im Kleinen das gemacht, was im Großen total im Argen liegt – Planung, Zusammenarbeit, Information, Aufklärung, Koordination. Ein Schwerpunkt der Arbeit ist der intensive Kontakt zu den Familien. Aber wollen die überhaupt den Kontakt? Sind sie nicht vielmehr froh, das kranke Mitglied der Familie in die nahe Klinik abschieben zu können?

Der Oberarzt: «Man sagt immer so leicht, die Bevölkerung draußen habe kein Verständnis und keine Toleranz und darum kämen die Irren in die Klinik. Das kann man, glaube ich, so nicht sagen. Meine Erfahrung ist eher gegenteilig gewesen.
Ich bin immer wieder erstaunt, welches erstaunliche Maß an Irresein und an Störung die eigentlich Betroffenen, die Familien, ertragen. Die denken nicht so: ‹Aha, hier hab ich einen Schizophrenen und der spinnt und mit dem kann ich deshalb nicht mehr zusammenleben.› Da existiert im Gegenteil eine ungewöhnliche Bereitschaft. Wenn dann doch eine Klinikeinweisung notwendig wurde, hab ich es erlebt, daß ich sagte: ‹Mein Gott, erst jetzt. Das habt ihr solange ertragen.› Also keine Vorurteile, eher das Gegenteil.
Es sind zumeist bestimmte Unvereinbarkeiten auf der Arbeit, das Problem der zu kleinen Wohnungen, Schwierigkeiten auf dieser

Ebene, die dazu führen, daß die Leute hier sind. Es liegt nicht an der Familie. Wenn man sagt, die Bevölkerung stoße ihre psychisch Kranken aus, so ist das falsch. Die Familien ertragen ein für mich unverständliches Maß an Leid. Oftmals müssen wir den Anstoß geben und sagen: ‹Das können Sie jetzt nicht mehr. Den nehmen wir Ihnen mal ab.›
Ich denke da an eine Familie, zwei ältere Familienangehörige mit zwei schwer psychisch gestörten Kranken. Die eine, Christel, ist wirklich sehr schwierig. Sie sitzt eigentlich nur zu Hause rum, zu nichts mehr fähig, ist ständig gereizt, zeigt zum Teil lächerliche oder provozierende Verhaltensweisen und ist keiner Behandlung recht zugänglich. Das spitzt sich dann dreimal im Jahr so zu, daß eine Einweisung erfolgt, weil die Situation unerträglich geworden ist. Nach kurzer Zeit geht es wieder besser. Wir entlassen sie; die Familie nimmt sie wieder zurück. Gleichzeitig hat diese Familie noch einen Sohn, der auch gerade wieder hier ist. Er ist mehr passiv, liegt den ganzen Tag im Bett, tut nichts, raucht und fordert Geld, das die Eltern nicht haben. Wenn sie ihm das sagen, wird er gereizt. Wir waren eigentlich immer stolz darauf, daß wir sagen konnten: ‹Die kriegen wir in zwei, drei Wochen wieder so hin, daß es zu Hause wieder geht.› Bis die Mutter mal zu uns kam und sagte, der Sohn müßte mal länger weg. Da gäbe es eine Klinik, da würde er ein halbes Jahr behandelt.
Da ist uns eigentlich ein Licht aufgegangen, daß wir immer nur unser Interesse gesehen haben, d. h. die Patienten möglichst kurz bei uns zu behalten. Den Rest der Zeit liegt die Belastung dann bei der Familie.»

Der Chefarzt: «Ich muß mich fragen: Wie können die Familien das überhaupt ertragen?»

Der Sozialarbeiter: «Ja, wir muten den Leuten schon sehr viel zu. Daraus resultiert auch der Konflikt, den wir oft mit anderen Stellen haben. Mit der Familienfürsorge z. B., die viel öfter bei den Leuten zu Hause ist und dann mitkriegt, was in der Familie so abläuft. Das steht dann gegeneinander: Die wollen den Patienten wieder reinhaben, und wir meinen, das ginge noch draußen, mit unserer Hilfe zwar, aber doch am Rande des Möglichen. Das gibt dann Schwierigkeiten.»

Der Pfleger: «Hier müssen wir dann mit unseren Angehörigengruppen entsprechend Hilfe leisten ...»

Der Oberarzt: «Da haben wir uns auch ändern müssen. Anfangs neigten wir dazu, das Entstehen der psychischen Krankheit hauptsächlich den Angehörigen anzulasten. Bei der Mutter zum Beispiel entdeckten wir sehr schnell irgendwelche ‹bösen Züge›, manchmal waren das Musterbeispiele einer sogenannten schizophrenieerzeugenden Mutter. Es heißt dann: ‹Kein Wunder, daß der schizophren ist ...›»

Der Chefarzt: «Eine solche Einstellung der Therapeuten rührt daher, daß ihnen der Patient zunächst näher ist als die Familie.»

Der Oberarzt: «Vor diesem Hintergrund ist es natürlich schwer gewesen, ein Vertrauensverhältnis zu den Angehörigen zu finden. Und dieses Vertrauen ist notwendig, wenn man die Absicht hat, sie zu therapieren, damit die Kinder wieder gesund werden. Da war es dann sehr hilfreich, daß wir in die Familien gegangen sind, daß wir gesehen und gefühlt haben, wie es da aussah und wir auch mal sagen konnten: ‹Ja, ihr habt es wirklich sehr schwer.›
So hat sich dann doch etwas entwickelt. Wir sind mitten im Wohngebiet und empfangen dadurch viele Signale von Angehörigen, können Krisen rechtzeitiger erkennen. Die Angehörigen sagen zum Beispiel: ‹Da stimmt etwas nicht, wir halten es nicht mehr aus.›
Wir sind dann die, die sagen müssen: ‹Jetzt geht es nicht mehr. Jetzt muß er mal wieder hierher.›»

Der Chefarzt: «Man lernt sich besser kennen. Ich habe das Gefühl, daß wir als Klinik für manche Patienten und Familien langsam in eine Funktion hineinwachsen, die früher der Hausarzt wahrgenommen hat. Unsere Arbeit ist nicht mehr so sehr an den einzelnen Mitarbeiter gebunden. Es ist vielmehr ‹die Klinik›, die die Tradition trägt. Dies aber keineswegs als eine anonyme oder tote Macht, das wäre schlecht, sondern als eine durchaus lebendige Institution.»

Jemand reagiert zu Hause mal wieder so, daß man annehmen kann, es geht ihm ziemlich schlecht. Was passiert dann? «Normal» wäre: Polizei, Feuerwehr, Zwangseinweisung, LKH ...

Der Oberarzt: «Es geht zuerst mal darum, langfristige Beziehungen herzustellen; zur Familie einerseits und zum Patienten andererseits. Wir suchen die Familien regelmäßig auf. Dadurch entsteht ein gegenseitiges Wechselverhältnis. Wenn sich die Familien rechtzeitig vertrauensvoll an die Klinik wenden, Gespräche mit dem Therapeuten stattfinden, dann können wir rechtzeitig intervenieren.
Wir haben da eine Patientin, die durch ihre Krankheit auch sozial recht isoliert ist. Früher hatte sie eine Familie, Mann, zwei Kinder. Sie wurde nach mehreren dramatischen Krankheitsschüben in verschiedene LKHs eingeliefert. Die Ehe zerbrach, die Kinder kamen zum Mann, und sie stand alleine da, obwohl sie eigentlich sozial integrierungsfähig war. Die ersten Einweisungen hier in unsere Klinik verliefen spektakulär. Sie war entweder aus dem Fenster gesprungen, aus einer psychotischen Angst heraus, oder sie war unbekleidet über die Straße gerannt. Sie kam immer, weil sie in diesen Momenten völlig behandlungsuneinsichtig war, mit Zwangseinweisung. Uns ist es dann gelungen, ihr Vertrauen zu gewinnen. Wir haben sie dann entweder hierher bestellt, wenn sie nicht selbst kam, oder sie aufgesucht und auch an den Patientenklub gebunden. Dadurch sind Kontakte zu Mitpatienten entstanden.
Das ist so eine Möglichkeit, zu stabilisieren. Wir sind dabei nur noch indirekt beteiligt. Nach und nach liegt ein gegenseitiger Lernprozeß an. Wir haben sehen können, wie ist sie, wenn sie nicht krank ist. Was sie eigentlich kann, wenn sie normal ist. Und dann sahen wir, daß sie eine Menge konnte. Sie konnte mit unserer Hilfe auch ein normales Arbeitsverhältnis beginnen. Jetzt ist sie schon längere Zeit als Stenotypistin tätig. Wir haben gesehen, wie sie ist,

wenn sie gesund ist. Wir haben aber auch gesehen, wie es ist, wenn krankhafte Phasen beginnen. Was sich da ganz subtil verändert. Man kann das regelrecht erspüren. Manchmal ist es nur ein Wort. Erst konnten wir damit nichts anfangen, aber dann haben wir gemerkt: ‹Wenn sie das und das tut, ist sie verunsichert.› Wir haben gelernt, darauf zu reagieren, Hilfe anzubieten. Vorher war sie absolut gegen jegliches Arzneimittel. Nach Jahren erst ist es dazu gekommen, daß sie die jetzt – immer noch ambivalent – akzeptiert. Es läuft jetzt so: Sie kommt selbst, reguliert ihre Arznei selbst. Sie hat ein Gefühl für ihre Krankheit entwickelt, kann damit umgehen, wird nicht mehr wie von einem Naturereignis überwältigt.
Seither war keine Zwangseinweisung mehr nötig. Krisenintervention bei ihr heißt, daß sie ein paar Nächte hier schläft, wenn sie meint, sie würde wieder durchdrehen. Meist arbeitet sie sogar tagsüber. Manchmal geht sie auch für kurze Zeit in die Tagesklinik. Bis die Krise vorüber ist. Sie geht damit sehr flexibel um. Im Prinzip handelt es sich in solchen Krisenfällen um eine ambulante Behandlung.
Jetzt war es gerade wieder schlimmer. Das kommt natürlich auch vor, daß sich die Leute ambulant nicht mehr auffangen lassen. Das lief jetzt so ab: Anruf von der Nachbarin: ‹Sie läuft angstgetrieben im Treppenhaus herum, will sich runterstürzen. Sie glaubt, sie würde ermordet, Mörder wären im Treppenhaus.›
Wir sind sofort hingefahren. Sie wollte aber nicht mitgehen, sagte: ‹Nein, ich will nicht, ich bin nicht krank.›
Anderswo würde es jetzt so ablaufen: der Nachbar würde sagen: ‹Da läuft eine, die ist völlig hilflos.› Das Ordnungsamt würde angerufen, die Polizei käme. Keine freiwillige Bereitschaft mitzukommen hieße Zwangseinweisungsverfahren.
Bei uns hatten wir zunächst ein gewisses Vertrauen. Wir konnten sagen: ‹Frau Soundso, Sie müssen jetzt mitkommen.› Wir konnten sie in den Arm nehmen, bis sie den Sprung schaffte zu sagen: ‹Ich geh mit.› Nach ein paar Tagen, konnte sie entlassen werden. Dieser Vorgang wäre bei nicht gemeindenahen Bedingungen nie so gelaufen.»

Der Sozialarbeiter: «Man muß strikt zwischen Patienten und Angehörigen unterscheiden. Wir haben eine Atmosphäre schaffen können, in der die Verwandten reden konnten, bei Kaffee und Kuchen. Wir haben unsere Ansprüche an die Angehörigen sehr zurückschrauben müssen, auch die Vorwürfe ...»

Der Chefarzt: «Besonders im Suchtkrankenbereich haben sich auf diese Art erhebliche Selbsthilfepotentiale entwickelt, wo wir Profis in der Tat draußen bleiben können ...»

Der Oberarzt: «Auch für die psychisch Kranken gilt das, wenn auch anders. Mir ist das eigentlich erst sehr spät klar geworden: Sie besuchen sich, sie machen zusammen Ausflüge. In den Wohngemeinschaften sitzen immer etliche, die einfach so dahin kommen. Sie schlafen auch mal bei einem anderen, wenn sie Angstzustände haben. Jeder Patient kennt jemanden, zu dem er hingehen kann, einfach so, zu Besuch. Es wird mir immer klarer, daß wir hier höchstens ein Kristallisationspunkt sind zum Anstoß von Dingen, die draußen passieren müssen. Das würde aber alles nicht passieren, wenn die Patienten 30 Kilometer entfernt wohnten und isoliert dorthin entlassen würden.»

Der Chefarzt: «Das ist eine meiner wichtigen Erfahrungen, daß in der Tat auch kontaktgestörte Schizophrene auf dem Boden einer solchen Kommunikation Beziehungen finden können. Daß es auch unter psychisch Kranken ein sich ausweitendes informelles Netz von Beziehungen gibt, das in dieser Form nicht unter den alten Großkrankenhausbedingungen entstehen würde.»

Sprüche vom Sparen

Sparen hinterläßt Spuren …

Arbeit und Beschäftigung

Arbeit, wenn sie unsinnig und fad ist, kann einen ganz schön runterziehen. Sinnvolle Arbeit dagegen ist lebenswichtig. Arbeit kann sogar Menschen, die über der Arbeit oder anderen Lebensumständen ausgeklinkt sind, wieder gesund machen. Deshalb ist «Arbeit» auch eine «Therapie». Wir haben uns von Leuten, die es wissen müssen, einmal etwas über «Arbeitstherapie» und – davon unterschieden – über «Beschäftigungstherapie» erzählen lassen.

Der Arbeits- und Beschäftigungstherapeut über Beschäftigungstherapie: «Die kommen zu uns, und wir versuchen, ihnen die Möglichkeit zu geben, etwas in der Gruppe zu tun. Wir setzen uns am Anfang der Woche zusammen und überlegen, was wir in den Tagen danach in welchem Materialbereich tun können. Dabei werden gleichzeitig auch die sozialen Probleme, die der Patient hat, mit angesprochen. Er hat eine Möglichkeit, die er in der normalen Arbeitssituation draußen selten hat, die Möglichkeit, sich in der Gruppe verbal auszudrücken, sich durchzusetzen, sich zurückzunehmen, auf andere einzugehen. Auch bei der Arbeit selbst ist soziale Kommunikation notwendig. Er braucht die Hilfe des anderen, denn einer wird besser mit den Schwierigkeiten fertig als der andere, bei dem sich die Erkrankung z. B. so äußert, daß er früher abbrechen will, daß er nach Hause will oder zurück auf die Station. Das alles sind dann Fragen, die die Gruppe beschäftigen ...»

Wenn alles gut läuft, kann Beschäftigungstherapie ein Hilfsmittel für die Gesundung des Patienten sein. Beschäftigung ist etwas anderes als Arbeit. Deshalb ist auch «Arbeitstherapie» etwas anderes als «Beschäftigungstherapie».

Unser Mann in Rheydt sagte uns: «Die Arbeitstherapie hat klarere und gestrafftere Strukturen. Hier wird vom Patienten verlangt, daß er Arbeitszeiten genauer einhält, daß er Pausen einhält, daß er während der Arbeit nicht raucht. Seine Arbeit wird bewertet. Das drückt sich auch in einer Lohnzahlung aus. Wir sind uns natürlich im klaren, daß wir hier keine reale Arbeitssituation simulieren können. Was wir hier machen können, ist eine Situation zu schaffen, in der die psychisch Kranken Probleme bearbeiten können, mit denen sie sich im Berufsleben auseinandersetzen müssen. Sie sollen sich verantwortlich fühlen für einen Teilbereich, auch den großen Zusammenhang der Arbeit erfahren; vielleicht auch Druck- und Stressituationen aushalten lernen. Wobei das alles Stückwerk ist. Denn die Möglichkeiten in der Arbeitstherapie sind beschränkt durch Aufträge, die wir von draußen bekommen. Die Lohnsituation ist sehr schwierig, weil nur begrenzte Löhne bezahlt werden, die in keinem Verhältnis zur tatsächlichen Lohnsituation draußen stehen.»

Aber immerhin: In der Klinik Rheydt wird der gesamte Betrag, den die Auftraggeber für die geleistete Arbeit zahlen, bis auf einen Abzug von 10 Prozent an die Patienten weitergegeben. Das ist keineswegs allgemein üblich.

Der Chefarzt hakt ein: «Wenn wir mehr bezahlen würden, dann bekämen wir Schwierigkeiten mit den Kostenträgern. Nach den Bestimmungen ist stationäre Therapie mit der Zahlung eines Lohnes nicht vereinbar. Eindeutige Verhältnisse gibt es da in Holland. Dort wird in der Therapiephase kein Lohn gezahlt, oder in England, wo die Zahlung eines Lohnes klar geregelt ist. Bei uns gibt es einen faulen Kompromiß.» Wieviel Geld erhalten nun die Patienten für die geleistete Arbeit innerhalb des faulen Kompromisses?

Der Arbeitstherapeut: «Pro Stunde werden zwischen 90 Pfennig und 1,20 Mark Lohn gezahlt. Auch wir haben das Gefühl, daß das nicht annähernd die Leistung ausdrückt. Wir haben große Schwierigkeiten, das den Patienten klar zu machen. Ähnliche Schwierigkeiten gibt es mit den Therapeuten selbst. Auch sie neigen dazu, angesichts des ‹Hungerlohns› die Wichtigkeit des therapeutischen Ansatzes zu unterschätzen. Man kann die Arbeit natürlich auch rein als Therapie sehen, wobei man sich dann fragen kann, ob dafür Lohn gezahlt werden muß.»

Der Chef: «Die Arbeitstherapie soll auch einen Wechsel in den Tagesablauf hineinbringen, um in dieser Hinsicht ebenfalls etwas von der realen Situation draußen sichtbar zu machen. Sie leistet also einen wichtigen Beitrag dazu, daß der Tag ausgefüllt wird. Die Notwendigkeit, den Tag zu strukturieren, ist ein Problem, das sich in der Behandlung von psychisch Kranken immer wieder stellt.»

Der Psychiater: «Wir haben vor allen Dingen Probleme mit den jungen psychisch Kranken, die aus dem Arbeitsprozeß immer mehr herausfallen. Die hängen schon mit 25, 30 Jahren praktisch in der Luft. Da läuft nichts mehr. Da stellt sich bestenfalls noch die Rentenfrage. Sie hungern dann zwar nicht mehr, aber für die nächsten 40 Jahre stellt sich die Frage, was sie den ganzen Tag über machen sollen. Aus dem Arbeitsprozeß sind sie raus. Wenn sie drei-, viermal in einer Klinik waren, dann kommen sie auch nicht mehr rein. Wenn man nichts macht, dann liegen sie zu Hause rum. Wir sagen dann: ‹Kommt mal zu uns in die Arbeitstherapie. Für 'ne Mark zwanzig Dübel machen ist besser, als wenn du zu Hause rumliegst.›
Nur – wenn das zu einer Dauersache wird, ist es problematisch. Ihr Selbstbewußtsein würde enorm steigen, wenn sie unter normalen Bedingungen Arbeit finden würden oder wenigstens in einer annähernd realistisch eingerichteten beschützenden Werkstatt arbeiten könnten und nicht in solchen Kunstprodukten wie Arbeitstherapie ...»

Der Sozialarbeiter: «Das Problem ist ja auch, daß nicht nur die psychisch Kranken als nicht voll leistungsfähig rausfallen, sondern auch alle anderen nicht voll leistungsfähigen Menschen, eben weil sich die Arbeitsplätze so stark verändert haben.»

Therapien werden ausschließlich deshalb unternommen und bezahlt, um die Arbeitskraft eines Patienten wieder herzustellen. Die Arbeitskraft ist bezogen auf eine ganz bestimmte berufliche Tätigkeit. Die Wiederherstellung der Arbeitskraft nennt man Rehabilitation, worüber wir schon weiter vorne mehr gesagt haben.

Gundi erzählte uns, daß es daneben einen Begriff von Rehabilitation gibt, der völlig anders aussieht. Rehabilitation, wie sie Gundi als Therapeutin sieht und erlebt hat: «Er sagt, daß er die Leute wieder gern anfaßt und über den Kopf streichelt. Er macht gern Scherze. Er ist zwar still, aber immer da. Er ist immer unter uns. Mittendrin. Man sieht ihn, und er sieht die anderen. Das reicht ihm. Er muß keine großen Worte machen. Er nimmt jetzt plötzlich auch an der Malgruppe teil. Am Anfang hat er alles abgelehnt, was angeboten wurde. Jetzt sitzt er in der Malgruppe und malt Häuschen, oder er kommt in die Friseurgruppe, setzt sich hin und unterhält sich mit den Damen, oder er sitzt nur still da und guckt zu. Er weist noch andere ‹Erfolge› auf, die draußen sicher positiver betrachtet werden. Für uns sind allerdings die Sachen, die ich eben nannte, die positivsten.
Diejenigen, die das Ganze finanzieren, sehen es allerdings lieber, wenn jemand schon nach kurzer Zeit auszieht und wieder arbeiten kann. Solche Fälle gibt es natürlich auch. Eine Bewohnerin z. B. arbeitet jetzt als Erzieherin und wohnt in einer eigenen Wohnung. Sie ruft hin und wieder an, wenn es Schwierigkeiten gibt. Dann geht ein Mitarbeiter zu ihr, um die Sache mit ihr zu besprechen.
Es gibt aber Bewohner, die werden noch lange nicht auskommen, ohne ein Wohnheim als feste Station zu haben, wo ständige Betreuung gewährleistet ist, wo ständig Gesprächspartner zur Verfügung stehen. Es gibt andere, die draußen sein könnten, wenn sie nur hin und wieder einen Punkt hätten, den sie anlaufen könnten, eine vertraute Person ...»

Das Dreikönigenhaus

Das «Dreikönigenhaus», Wohnheim für psychisch kranke und behinderte Menschen in Köln, sollte eigentlich Teil einer psychosozialen Versorgungskette sein, wie sie in Mönchengladbach schon

ansatzweise realisiert ist. Entstanden ist das Wohnheim 1978 zur Beruhigung des schlechten Gewissens der politisch Verantwortlichen nach der plötzlichen Schließung des LKH Brauweiler. Dabei ist es bis heute geblieben. Viele der Bewohner sind ehemalige Patienten der Anstalt Brauweiler. Sie haben Glück gehabt, denn die meisten anderen Insassen verschwanden auf Nimmerwiedersehen in privaten Heimen in weitentlegener Gegend oder aber in anderen psychiatrischen Großkrankenhäusern, z. B. Langenfeld und Düren.
Warum die Bewohner des «Dreikönigenhauses» Glück gehabt haben? Sie sind nicht mehr eingeschlossen, kein «Gott in Weiß» bestimmt über sie. Niemand setzt ihnen zur Ruhigstellung eine Psychopharmakaspritze. Sie können gehen, wohin sie wollen, und sie können mitsprechen und mitentscheiden. Das ist ziemlich einmalig. Deshalb will ich etwas mehr über das «Dreikönigenhaus» berichten.

«Ich kann mich noch gut erinnern. Silvester 1978/79. Draußen stand die Temperatur bei fünfzehn Grad Kälte. Drinnen war es angenehm warm. Im Foyer schritt unruhig der Dichter Udo auf und ab. Im großen Saal wurde getanzt. Im Flur neben dem Vogelgatter war die scharfe Gulaschsuppe aufgetischt, Salate, eine himmlische Erdbeerbowle.
Ich lernte eine ganze Reihe Menschen kennen. Den kleinen Hartmut, der sich den ganzen Abend mit seiner süßen Freundin herumzankte, die er sich in Liebe aus einem weitentfernten Landeskrankenhaus zum Jahresausklang herübergeholt hatte. Frau Ranzberg, ein wenig umfänglich, aber eine vorzügliche Tänzerin. Rolf, den Aktivsten des Hauses, unaufhörlich beschäftigt. Otto Pletti, den Maler, dem ich sitzen sollte und es bis heute nicht getan habe – nun ist er tot. Er ging in den Rhein.
Tja, das ist also ein ‹Wohnheim zur Rehabilitation psychisch Behinderter›, entstanden 1978 im Arbeiterstadtteil Köln-Mülheim, wo viele ältere Menschen und ausländische Arbeiterfamilien zu Hause sind.
Träger ist der «Kölner Verein für die Rehabilitation psychisch Be-

hinderter e. V.». Finanziert wird alles über die Pflegekostensätze. Abrechnungsbehörde ist der Landschaftsverband Rheinland.
Früher stand hier direkt gegenüber ein großes Allgemeinkrankenhaus der Malteser. Aber das wurde für pleite erklärt und geschlossen. Inzwischen sind alle Forderungen und Vorschläge, wie man die leerstehenden riesigen Gebäudekomplexe sinnvoll nutzen könnte, durch den Abbruchbagger beantwortet worden. Im heutigen ‹Dreikönigenhaus›, wo ich nun zu Gast bin, haben früher die Krankenschwestern des benachbarten Hospitals gewohnt.
Die meisten Bewohner des jetzigen Wohnheims sind ehemalige Patienten der Horror-Klinik Brauweiler (s. o.). Wie sie nach teilweise zehnjährigem Aufenthalt in einem LKH nun binnen kurzer Zeit rehabilitiert werden sollen – so der von den Trägern gestellte Anspruch –, weiß eigentlich niemand.
Es fällt sofort auf, daß hier keine Weißkittel herumlaufen. Ein schon durch seine antiseptische Kleidung auffallender Betreuer, das gibt es hier nicht. Auch sonst ist vieles anders als in einem Krankenhaus oder Heim herkömmlicher Art. Einen Arzt sucht man weit und breit vergebens. Der kommt nur gelegentlich mal gucken und nennt sich deshalb Konsiliararzt. Er wird nur konsultiert, wenn Bedarf ist, wenn sich ein Bewohner besonders schlecht fühlt.
Zwölf Mitarbeiter gibt es insgesamt: Sozialarbeiter, Krankenschwestern und Pfleger, Krankenpflegehelfer, eine Bürokraft, Hausmeister, Praktikanten, Zivildienstleistende ...
Aber man kann eigentlich nicht feststellen, wer was macht. Manchmal ist auch nicht auszumachen, wer nun Bewohner und wer Mitarbeiter ist. So klinken bei Versammlungen auch ab und zu Mitarbeiter derart aus, daß man denkt: ‹Das ist ein frisch angekommener Bewohner, dem ganz schlimm zumute ist. Kurz – das Dreikönigenhaus in Köln-Mülheim arbeitet in Form einer therapeutischen Gemeinschaft von Beschäftigten und Klienten (Patienten).
Das ist eigentlich der Weg, der – abgesehen von der akuten Krankenbehandlung – grundsätzlich eingeschlagen werden sollte. Nur so ist eine demokratische und humane Atmosphäre aller Beteiligten herzustellen.
Vorteile hiervon haben keineswegs nur die Klienten (Bewohner).

Die Sozialarbeiterin: «Spaß macht, daß man in diese Arbeit immer seine ganze Person einbringen kann. Der wichtigste Punkt unserer Arbeit ist, Beziehungen aufzubauen und aufrechtzuerhalten; sich so zu verhalten, wie man das außerhalb des Heimes auch tut. Dazu gehört auch, daß man mit den Bewohnern darüber spricht, wenn es einem selbst einmal schlecht geht. Sie stehen solchen Problemen besonders feinfühlig gegenüber. Die Bewohner sind sehr gut in der Lage, Mitarbeiter zu trösten, den Mitarbeitern Mut zu machen ...»

Niemand ist hier für eine bestimmte «Therapie» zuständig. Es gibt auch keinen Leiter. Das ist wohl in der Bundesrepublik ziemlich einmalig.
Auch beim Thema Medikamente ist einiges anders. Jeder Bewohner besucht, wenn er ihn überhaupt benötigt, den Arzt, den er sich selbst aussucht. Die verordneten Medikamente nimmt er entweder selbst ein, oder er deponiert sie bei den Mitarbeitern und holt sie dort täglich oder wöchentlich ab. Klar gibt es Schwierigkeiten. Manche Bewohner «vergessen» die Medikamente einfach, nicht zuletzt, weil sie schon reichlich negative Erfahrungen in dieser Hinsicht gesammelt haben.
Manchmal aber führen solche Vorfälle zu verblüffenden Entdekkungen.

Die Sozialarbeiterin über einen solchen Rehabilitationserfolg eines Bewohners: «Das Tollste, was er je gemacht hat, ist, daß er eines Tages seine Psychopharmaka verweigert hat. Er wollte sie absolut nicht mehr einnehmen. ‹Was soll ich mit dem Dreckzeug›, sagte er. Er ist jetzt nach anderthalb Jahren ohne jede Psychopharmaka ohne Zweifel besser dran als vorher. Noch nie hat sich irgendwo gezeigt, daß er noch psychotische Erlebnisse hat.»

Worin drückt sich nun die «Demokratie» und die «Humanität» im Dreikönigenhaus sonst noch aus?
Ganz wichtig ist es, wie Entscheidungen getroffen werden. Kein Beschluß, egal welcher Art, fällt hinter dem Rücken der Bewohner. Das war nicht von Anfang an so. Zuerst trafen sich Mitarbei-

ter, um über einzelne Schwierigkeiten von Bewohnern zu sprechen. Selbstverständlich um zu helfen, nicht um die Leute auszutricksen. Aber man kam dann schnell dahinter, daß das nicht der richtige Weg ist. Probleme werden jetzt einmal in der Woche zwischen den Betroffenen, den Mitarbeitern und dem Konsiliararzt besprochen.
Als weitere demokratische Einrichtung gibt es die Hausvollversammlung, auf der die Bewohner (27 an der Zahl), die Mitarbeiter (12 an der Zahl) und der Konsiliararzt alle das Haus betreffenden Dinge sowie alle Aktivitäten in und außerhalb des Hauses diskutieren.
Über die besonderen Belastungen kann unsere Sozialarbeiterin natürlich auch ein Lied singen. Nie läuft etwas völlig glatt: «Belastend ist, daß ständig Krisen auftreten. Manche drohen wieder krank zu werden, weil sie alles in sich reingefressen haben oder die Tabletten abgesetzt haben. Die Mitarbeiter merken das manchmal erst nach Monaten. Man hat als Mitarbeiter immer das Gefühl, man muß allzeit bereit sein, immer zur Stelle, immer gesprächsbereit. Man hat das Gefühl, daß man sich nie gehenlassen kann, sich nie entspannen kann. Man sitzt immer ein bißchen auf einem Pulverfaß. Alles ist eine Gradwanderung. Wenn man einen kleinen Tritt daneben macht, dann rutschen manche Bewohner schon wieder ab.»

Im Laufe der Zeit hat sich ein besonderes, ein intensives Bewohner/ Mitarbeiter-Verhältnis entwickelt.

Die Sozialarbeiterin schildert es aus ihrer Sicht: «Unsere Bewohner sind sehr sensibel und haben sehr schnell raus, wo Mitarbeiter schwache Punkte haben. So kommen dann häufig Vorwürfe, daß sie sich zu stark von den Mitarbeitern bevormundet fühlen und sie dadurch nicht gesund werden könnten. Sie meinen damit z. B. Beschäftigungsangebote, die von seiten der Mitarbeiter gemacht werden. Auf der anderen Seite ziehen sie aber in bestimmten Situationen sofort ihre Krankheit aus der Tasche, in dem sie dann sagen: ‹Das können wir doch gar nicht. Wir sind doch so krank. Macht das mal für uns.›

Das ist ein ganz beschissener Kreislauf, aus dem schwer herauszukommen ist. Da macht sich dann ein Stück Schizophrenie bei den Mitarbeitern breit ...»

Noch ein paar Sachen, die für die Leute im Heim selbstverständlich sind. Das Heim ist jederzeit offen. Das heißt, jeder kann kommen und gehen, wann er will. Jeder hat ein eigenes (zu kleines) Zimmer, das er selbst einrichtet. Manche richten gar nichts ein. Da sieht es dann aus wie auf einem Abfallhaufen, in dem dann hier und da mit dem Bewohner zusammen Ordnung gemacht wird. Wenn jemand durch seine Aktivitäten andere in Mitleidenschaft zieht, muß es besprochen werden. Es gab auch schon einen Fall, da mußte jemandem gekündigt werden. Der mußte sein Zimmer räumen, sonst wären einige andere ausgeflippt.

Einige gehen einer regulären Arbeit nach, andere besuchen eine Behinderten-Werkstatt. Einige wenige sind in den vergangenen 3 Jahren auch schon ausgezogen und leben jetzt in einer eigenen Wohnung oder Wohngemeinschaft.

«Sie schreiben Gedichte?»

Udo geht immer noch auf und ab. Dann bleibt er stehen.

«Ja», sagt er, «aber ich habe sie alle vernichtet. Sie waren nicht gut genug.»

Der Dichter Udo, der schon einige Male aus dem Fenster sprang, weil ihn die Stimmen, die er hört, dazu gezwungen hatten, sagt mir zum Abschied: «Ich werde weiter schreiben.»

Er hat Wort gehalten. Er wohnt auch nicht mehr im Heim, sondern in einer eigenen Wohnung. Kürzlich schrieb er mir:

«Mein Kopf kommt mir vor wie ein ausgeblasenes Ei. Ich hab in den letzten drei Monaten 300 Blätter vollgeschrieben.»

Die Beschwerdezentren

Wie wir schon an anderer Stelle gehört haben, stand in Köln in diesem Jahr erstmals ein bundesdeutscher Psychiater vor Gericht. Eigentlich gehörten die öfter auf die Anklagebank, am besten im Verein mit jenen Politikern, die im Hintergrund dafür sorgen, daß die Verhältnisse in den Großkliniken so sind, wie sie sind. Daß die Kliniken so in Verruf gerieten und daß so viele Sauereien ans Tageslicht kamen, ist zu einem nicht unwesentlichen Teil Selbsthilfeeinrichtungen zu verdanken, die sich in den letzten Jahren am Ort oder in der Nähe psychiatrischer Großkrankenhäuser gegründet haben. Eigentlich im ganzen Bundesgebiet, besonders aber im Bereich des Landschaftsverbandes Rheinland, seines Zeichens größter Betreiber von Landeskrankenhäusern im Bundesgebiet. Die Einrichtungen nennen sich in der Regel «Beschwerdezentren», sind zum Teil eingetragene Vereine und werden hauptsächlich von ehemaligen Patienten betrieben. Hinzu kommen Leute, die entweder im psychosozialen Bereich arbeiten oder gearbeitet haben sowie anderweitig Engagierte, zum Beispiel auch Rechtsanwälte.
Ein Merkmal der Mitglieder der «Beschwerdezentren» ist: Sie haben großen Mut und gehen ohne Rücksicht (auf Verluste) ran an die psychiatrischen Bouletten. Zu Anfang hat man sie belächelt, diese Leutchen, die da ankamen und einen Besuch bei diesem oder jenem Patienten machen wollten und die auf Flugblättern unaufhörlich auf die skandalösen Verhältnisse in den psychiatrischen Stationen der großen Krankenhäuser aufmerksam machten.
«Im Einvernehmen mit Polizei und Justiz», meinten manche Klinikleitungen, «kriegen wir die schon klein.»
Eine Flut von Anzeigen wegen Hausfriedensbruch und ähnlicher Delikte kann auf die Dauer schon mürbe machen. Aber die Beschwerdezentren wurden nicht mürbe. Statt dessen gelang es ihnen, eine unfähige Klinikleitung nach der anderen vom Sessel zu fegen. Die Skandale in den Kliniken Düren und Brauweiler, Düs-

seldorf und Bonn – um nur mal diese vier zu nehmen – wären ohne die Beschwerdezentren sicher nicht in ihrem ganzen Ausmaß und nicht mit ihrer Konsequenz für die verantwortlichen Psychiater bekannt geworden.
Was die Beschwerdezentren auch bei gutmeinenden und engagierten Mitarbeitern der Psychiatrie, die sich abmühten, unter miesesten Bedingungen ein paar gute Sachen für die Patienten herauszuholen, nicht gerade beliebt machte, war die von ihnen betriebene Praxis, bei ihrer Kritik der LKHs Differenzierungen als nicht so wichtig anzusehen. Ihnen ging es in erster Linie um die Aufdekkung der unmenschlichen Lebensbedingungen der Patienten. Dabei kriegten auch schon einmal die Falschen Hiebe ab.

Wir fuhren nach Bonn zum dortigen Beschwerdezentrum und baten darum, einmal selbst darzustellen, wie alles entstanden ist und wie die Praxis des Beschwerdezentrums aussieht. Hier der Bericht der Bonner:
«Das erste Beschwerdezentrum wurde vom SSK vor fast drei Jahren in Köln gegründet. Im SSK (Sozialistische Selbsthilfe Köln) leben, arbeiten und kämpfen seit zehn Jahren Menschen zusammen, die aus verschiedenen Gründen aus der bürgerlichen Gesellschaft ausgestoßen wurden. Sie alle haben soziales Elend und Unrecht am eigenen Leibe erfahren – egal, ob in Heimen, Obdachlosenasylen, Gefängnissen oder den als ‹psychiatrische Kliniken› bezeichneten Irrenanstalten.
Im Verlaufe der Jahre kamen immer mehr Menschen zum SSK, die aus psychiatrischen Anstalten geflohen waren und von den schlimmsten Verbrechen und Menschenrechtsverletzungen berichteten. Die Anzahl der Briefe mit Hilferufen von verzweifelten LKH-Insassen nahm ständig zu. Damit all die Not und das menschliche Elend bekannt und wenigstens in Einzelfällen beseitigt werden könnte, rief der SSK im Sommer 77 in einer öffentlichen Veranstaltung zur Gründung eines ‹Beschwerdezentrums für LKH-Patienten› auf. Dadurch konnten auch Leute außerhalb des SSK beteiligt werden.
SSK und Beschwerdezentrum versuchen nicht nur, den einzelnen

Menschen, die sich an sie wenden, zu helfen. Mit Protestaktionen bringen sie Mißhandlungen und die grausamen Zustände an die falsch oder gar nicht informierte Öffentlichkeit. Denn erfahrungsgemäß bringt nur dieser Druck die Verantwortlichen zum Handeln. Die Schließung der Anstalt Köln-Brauweiler ist dafür ein weiterer Beweis. Seitdem dringen durch uns immer mehr Skandale an die Öffentlichkeit. Doch immer noch redet der LVR (Landschaftsverband Rheinland) zynisch von ‹bedauerlichen Einzelfällen›.

Aber der Druck von außen wird stärker. In anderen Städten sind ähnliche Beschwerdezentren entstanden, so in Düsseldorf, Bielefeld, Bochum, Dortmund, Münster und Bonn.

Im Frühjahr 79 entstand auf Initiative des SSK auch in Bonn ein Beschwerdezentrum. Wir sind ca. 20 Mitglieder, Ex-Patienten und viele, die selbst im LKH gearbeitet haben, dort noch arbeiten oder in irgendeiner Weise damit in Berührung gekommen sind, wie z. B. Rechtsanwälte. Wir betreiben ein Beratungszentrum, das täglich für alle Betroffenen und Interessierten geöffnet ist. Hier kann jeder ohne Angst, dafür mit ‹Heilmitteln› bestraft zu werden, sagen, was er will und auch über Mißstände berichten. Wir beraten und unterstützen bei Zwangseinweisungen, Entmündigungen, fragwürdigen Gutachten, Problemen mit der Sozialhilfe usw. Unsere politische Arbeit besteht hauptsächlich aus Flugblattaktionen, öffentlichen Diskussionen, Demonstrationen.

Im Herbst 79 besetzten wir gemeinsam mit SSK-Mitgliedern eine Station im Bonner LKH. Wir wollten damit die katastrophalen Zustände – es gab mehrere Todesopfer – an die Öffentlichkeit bringen. Wir sahen darin die einzige Möglichkeit, Abhilfe zu schaffen. Tatsächlich sah sich der LVR durch die Presseberichte und den öffentlichen Druck gezwungen, die Klinikleitung abzusetzen. Die Staatsanwaltschaft ermittelt immer noch.

Gegen die Besetzer fand ein Prozeß wegen Hausfriedensbruch statt. Nachdem wir das Gericht aber zu einem Tribunal gegen den LVR umfunktioniert hatten, zog der LVR die Anzeige zurück. Es sollte wohl vermieden werden, daß weitere Mißstände offengelegt würden. Das Verfahren wurde also eingestellt. Weitere Aktionen

galten obskuren Todesfällen und den rechtswidrigen Elektroschock-Behandlungen des Ex-Klinikchefs (auch deswegen ermittelt die Staatsanwaltschaft noch).
Ein Grundproblem unserer Arbeit besteht natürlich darin, daß wir mit unserer Hilfe in Einzelfällen ständig an die Grenzen stoßen, die durch die gesellschaftlichen Verhältnisse gesetzt sind. Die meisten Leute, die zu uns kommen, suchen z. B. Arbeit und Wohnung. Die können wir aber nur selten vermitteln. Deshalb versuchen wir, diese Probleme öffentlich zu machen und so zur Veränderung der menschenunwürdigen Bedingungen – nicht nur in der Psychiatrie – beizutragen.»
In der DGSP (Deutsche Gesellschaft für Soziale Psychiatrie) sind viele Angehörige von Berufsgruppen (Ärzte, Sozialarbeiter, Krankenschwestern und Pfleger) organisiert, denen an demokratischen und im Sinne der Patienten humanen Veränderungen der psychiatrischen Versorgung gelegen ist. Die DGSP hat mittlerweile ihre abwehrende Haltung gegenüber den Leuten vom Beschwerdezentrum zu überdenken begonnen.
Die Tatsache, daß dem Bielefelder Beschwerdezentrum von der Leitung des westfälischen LKH Eickelborn in Zusammenarbeit mit dem Landschaftsverband Westfalen-Lippe die Arbeit durch schikanöse Sonderbesuchsregelungen erschwert wurde, veranlaßte DGSP-Mitglieder 1980 auf der Jahrestagung des Verbandes zu einem solidarischen Antrag. In der Begründung hieß es: «Wir sind der Meinung, daß unabhängige Beschwerdestellen notwendig sind, um die Lage der Patienten in den Landeskrankenhäusern zu verbessern ...» In einem weiteren Antrag wurde ausgeführt: «Die Solidarisierung der Betroffenen und die Arbeit von Beschwerdezentren wird von uns als wesentliche Voraussetzung für die Humanisierung der psychiatrischen Versorgung gesehen. Beschwerdezentren sind am ehesten geeignet, wirklich unabhängig die Interessen der Betroffenen zu vertreten. Derartige Selbsthilfegruppen sind als mögliche Lebensform zu akzeptieren.
Die Mitglieder der DGSP werden aufgefordert, die Arbeit der Beschwerdezentren zu unterstützen und sie als Gesprächspartner zu akzeptieren.

• Auch im Interesse einzelner Menschen, z. B. bei anstehenden Entlassungen, soll mit den Beschwerdezentren zusammengearbeitet werden.

• Die Kontaktaufnahme mit Beschwerdezentren soll den Patienten erleichtert werden.

• Die Landesverbände und Regionalgruppen der DGSP sollen mit den Beschwerdezentren Kontakt aufnehmen und über Zusammenarbeit beraten.

• Mitglieder in beruflichen Schwierigkeiten wegen Unterstützung der Beschwerdezentren bedürfen der tatkräftigen Solidarität der DGSP.

• Den Beschwerdezentren soll in den DGSP-Rundbriefen die Möglichkeit zur Selbstdarstellung gegeben werden.»

Die beiden Anträge konnten allerdings auf der Jahrestagung wegen Zeitmangel nicht mehr behandelt werden.

In einem gewissen Dilemma befinden sich die Psychiatrie-Aufklärer immer. Gunda vom Beschwerdezentrum Bonn sagte uns: «Wir stellen ungern Strafanzeigen gegen Pfleger. Wir wollen lieber die höheren Ränge erwischen. Die kleinen Pfleger können meistens nichts für die Zustände.»

Häufig haben auch die Patienten große Angst, sich den Leuten vom Beschwerdezentrum anzuvertrauen. Nicht von ungefähr. «Wir hören immer wieder, daß Patienten, nachdem sie uns Mitteilungen gemacht haben, von Abgesandten des Landschaftsverbandes verhört werden. Bestimmten gezielten Fragen (‹Na, war es vielleicht doch nicht so›) sind sie nicht gewachsen. Vor allem die Patienten, die schon sehr lange in LKHs sind, haben Angst, daß sie auf eine andere, schlechtere Station verlegt werden, daß die Medikamente höher dosiert werden, daß ihnen der Ausgang gestrichen wird . . .»

Was eine Solidarität von Beschwerdezentren und Mitarbeitern stark behindert ist der allgemeine, durch den Landschaftsverband vertretene Grundsatz: «Nicht die Mißstände sind schlimm, sondern derjenige, der sie nach draußen trägt.»

FREI

Die Taktik des Überlebens

Die Zustände in der Psychiatrie, besonders in den Großkrankenhäusern und psychiatrischen «Fachkliniken» haben ihre schlimmen Auswirkungen natürlich in erster Linie auf die dort untergebrachten Patienten. Sie wirken aber gleichzeitig auch auf die Beschäftigten. Und zwar in einer Weise, die wiederum in besonderem Maße die Patienten trifft.

Deshalb zum Schluß ein kleiner Einblick in den Arbeitsalltag einer Psychiaterin, in Verhältnisse, die alle Beteiligten nur kaputtmachen können.
Die Psychiaterin: «Es ist das Problem zu leben und zu überleben in der Psychiatrie. Ich weiß nicht, ob ich das auf einen Punkt bringen kann, weil ich ein Stück befangen bin, weil ich ein Stück immer mit drin stecke. Es kann so ablaufen, daß du auf den geschlossenen Stationen nur noch nach den Medikamenten guckst, die Personen gar nicht mehr ansiehst. Das ist keine Taktik des Überlebens, das ist eine Taktik des Untergangs. Sich engagieren? Das ist auf die Dauer mörderisch. Da gehst du dran kaputt. Da wirst du so ausgelaugt, daß du nur noch aufgeben kannst. Da kann man sich zwar achten, aber was nutzt das, wenn du aufgibst.
Es gibt auch die Möglichkeit, sich gegen die Arbeitsbedingungen zu wehren. Das haben wir probiert. Wir haben gesagt: ‹So nicht und nicht mit uns. Wir müssen jetzt Widerstand leisten.› Wir haben mit der Gewerkschaft und der DGSP in der Klinik 'ne Menge aufzubauen versucht, um überhaupt mal zu erleben, etwas gemeinsam machen zu können. Das hat teilweise einen befreienden Effekt gehabt. Aber an den Strukturen haben wir nichts ändern können. Wir müssen heute sagen, wir haben es aufgegeben, in der Klinik etwas zu ändern. Man geht daran kaputt. Ich weiß im Moment nicht, wie man es machen kann. Im Moment weiß ich es wirklich nicht. Ich verstehe das nicht: Wenn z. B. die große Masse der Pfleger und

Krankenschwestern nicht mehr mitspielen würden, weil sie die Zustände einfach nicht mehr ertragen wollen, dann wäre Sense. Aber sie wehren sich nicht. Sie gehen, wenn es ihnen zuviel wird, lieber weg.
In der letzten Zeit habe ich in der geschlossenen Männerstation praktisch alle Funktionen innegehabt, weil die Kolleginnen und Kollegen Ärzte dort schon in der Probezeit wieder abgehauen sind. Da dachte die Klinikleitung: Setzen wir da mal eine mit Erfahrung hin. Ich hab mir vorgenommen, mich auf nichts einzulassen. Ich habe das auch geschafft. Mit der Folge, daß ich nicht mehr schlafen konnte. Ich hatte irrsinnige Angstträume, ich würde verschlungen. Ich bin aufgewacht und hatte diese Angst. Ich hab lange gebraucht, bis mir klar wurde, daß das mit der Station zusammenhing. Ich hatte mich so abgeschottet, daß das nur nachts wieder reinkommen konnte.»

Warum hast du dir die Psychiatrie als Arbeitsplatz ausgesucht?
«Ich hatte mich schon viele Jahre dafür interessiert. Wann das begann, weiß ich nicht mehr genau. Ich denke, daß es mit bestimmten psychischen Dingen bei mir selber zusammenhängt. Aber da weiß ich nicht viel. Dazu habe ich nicht viel Zugang. Ich hatte aber auch Angst vor der Psychiatrie. Ich habe es mir nicht zugetraut. ‹Da kommst du drin um›, so ein Grundgefühl hatte ich. Deshalb habe ich erst eine psychoanalytische Ausbildung gemacht. Ich dachte, dann etwas gewappneter zu sein. Aber ich weiß nicht, ob mir das sehr geholfen hat. Vielleicht, daß ich dadurch so lange ausgehalten habe. Aber ich habe die Kenntnisse nie anwenden können, im Gegenteil, sie waren mir hinderlich. Psychotherapeutische Gesichtspunkte waren Dinge, die mir das Leben in der Psychiatrie erheblich erschwert haben. Andererseits wäre es ohne sie gar nicht möglich gewesen zu existieren. Am Anfang habe ich mich ungeheuer stark gefühlt. Ich habe mich voller Energie gefühlt, mit dazu beizutragen, daß die Menschenverachtung in der Psychiatrie abnimmt. Das war meine feste Überzeugung. Etwas größenwahnsinnig war das. Danach ist meine Energie immer weniger geworden. Meine innere Taktik war unterschiedlich. Manchmal habe ich mit viel Energie

und Größenwahnsinn gesagt: ‹Die, für die du verantwortlich bist, das schaffst du. Da muß es nicht so laufen!›
Dann gab es auch Phasen, da habe ich alles über mich ergehen lassen oder sogar mitgemacht. Da passierten dann so Sachen, daß du sagst: ‹Diese Scheißvisiten, da wird nicht mit den Patienten geredet, sondern über sie›, und zwei Jahre später erwischst du dich, wie du auch über die Patienten redest. Daß du genau das gleiche tust, was du immer angeprangert hast.»

Du sprachst von der Taktik des Überlebens. Was ist das für dich?
«Das Problem ist: In der Landesklinik besteht ein ständiger Wechsel der Bezugspersonen. Beziehungen dürfen gar nicht erst entstehen, weil das den organisatorischen Rahmen sprengt. Da wird dann hin und her verlegt und möglichst schnell wieder entlassen.
Das war für mich so unbefriedigend, daß ich mir einige Patienten heimlich ausgeguckt habe, nicht bewußt, aber es hat sich so entwickelt. Da habe ich dann mehr investiert. Habe mich für die interessiert. Dann entstand eine Beziehung, und die habe ich dann weitergetragen. Aber das habe ich alles heimlich neben oder nach meiner Arbeitszeit gemacht. Das ist ganz bekloppt. Also das eigentlich Sinnvolle habe ich gemacht mit dem Wissen, daß es eigentlich durch die Einrichtung nicht sanktioniert ist.»

Bei dir hat sich etwas verändert. Du arbeitest jetzt in einer Tagesklinik. Wie ist das?
«Ich habe jetzt bei der Arbeit ein ganz anderes Gefühl, weil das, was ich mache, hier legitimiert ist. Vorher hatte ich immer das Gefühl, ich weiß gar nicht, ob das alles richtig ist. Alles auf eigene Verantwortung, alle Kollegen um mich herum, die machten das nicht, die stopften die Medikamente rein und sahen zu, daß sie die Leute schnell wieder loswurden. Eine ganz komische Situation. Hier kann ich jetzt wieder ein Stück leben ...»

Warum wir dieses Buch gemacht haben

Anfangs dachten wir, Ziel dieses Buches soll es sein, die vorhandenen Vorurteile über psychisch leidende Menschen abzubauen. Trotzdem hatten wir Bedenken bei dem Unternehmen. Und Leute, die etwas davon verstanden, schlugen die Hände über dem Kopf zusammen, als wir ihnen von unserem Plan erzählten. Denn wir waren ja beide Laien und durften uns nicht einbilden, den Profis der Psychiatrie etwas fachlich vormachen zu können.
Je mehr wir uns dann mit dem Thema vertraut machten, um so mehr verschwanden die anfänglichen Bedenken. Wir merkten, daß das Thema etwas mit uns zu tun hat und damit, daß wir versuchen, sehr viel Irres von uns zu verstecken, was wir eigentlich lieber herauslassen sollten. So ist am Ende ein Text herausgekommen, der viel mehr mit uns zu tun hat, als wir bei Beginn des Projekts vermutet hatten. Und diese Arbeit konnte uns kein Profi-Psychiater abnehmen.

Büchertips

Wir wollen und können an dieser Stelle keine ausführliche Liste empfehlenswerter Bücher aus unserem Themenbereich vorlegen. Einige wenige, uns wichtig erscheinende Titel seien notiert. Von ihnen und den im Quellenverzeichnis erwähnten ausgehend, wird sich jeder leicht weiteres, interessantes Lesematerial besorgen können.

Sachbücher

Wer sich für ausführliche und fachkundige Sacherklärungen interessiert, der sei auf zwei Standardwerke verwiesen, die wir ohne Einschränkung empfehlen:

Giovanni Jervis, Kritisches Handbuch der Psychiatrie (Syndikat Verlag).

Klaus Dörner/Ursula Plog, Irren ist menschlich (Psychiatrie Verlag).

Jervis hat in einem knapp 200 Seiten starken Teil seines Handbuchs in alphabetischer Folge die ihm wichtig erscheinenden Grundbegriffe der Psychiatrie erläutert. So ist dem Leser eine schnelle und gezielte Information möglich. Voraus geht dem eigentlichen Handbuchteil eine theoretische Grundlegung des von Jervis gewählten psychiatrischen Ansatzes.

Dörner/Plog haben in den zehn Kapiteln ihres Grundlagenwerkes in ausführlicherer Weise psychisches Leid systematisch erfaßt und beschrieben. (Es geht vom «depressiven» über den «beziehungskranken» bis hin zum «alten» Menschen.)

Beide Bücher sind – das sei ausdrücklich betont – für Laien lesbar; das von Dörner und Plog vielleicht eher, weil es sehr stark aus der Praxis schöpft.

Wichtig zum Verstehen und zur Erkenntnis von menschlichen Beziehungen, die «irre» machen, sind zwei Titel, die unter der Federführung des amerikanischen Therapeuten Paul Watzlawick entstanden:

Watzlawick/Beavan/Jackson, Menschliche Kommunikation.
Watzlawick/Weakland/Fisch, Lösungen (beide im Huber Verlag)

Diese Bücher, die recht uninteressante Titel haben, sind gleichwohl spannend zu lesen, weil man sehr schnell merkt, wie sehr sich die darin enthaltenen Analysen menschlicher Verständigung und Beziehungen auf den eigenen Lebensbereich und das eigene Leben übertragen lassen.

In die gleiche Richtung führt R. D. Laings, Knoten (Rowohlt Verlag). Einige seiner Gleichungen menschlicher Mißverständnisse und Verwicklungen haben wir im Rahmen der «Kleinen Irrwege» zitiert.

Belletristik

Es gibt eine Fülle von Selbstzeugnissen und literarischen Aufarbeitungen psychischen Leidens. Einige Beispiele, die uns besonders beeindruckt haben, seien hier aufgeführt:

Marie Cardenal, Schattenmund (Rowohlt Taschenbuch Verlag)
Adalgisa Conit, Im Irrenhaus (Verlag Neue Kritik)
Ulrike K., Ein Leben in der Psychiatrie (tende Verlag)
Ken Kesey, Einer flog über das Kuckucksnest (2001)
Heinar Kipphardt, März (Rowohlt Taschenbuch Verlag).

Gemeinsam ist diesen Büchern, daß sie den Leser betroffen machen, daß er spüren kann, wie ausgeliefert Menschen sowohl sich selbst als auch den Zwängen der Institution Psychiatrie gegenüberstehen und oft kaum Chancen haben, aus diesen Mühlen herauszukommen.

In gleicher Weise machen eigentlich alle Zeitungen betroffen, die von Patienten gestaltet werden. Im Anschluß haben wir einige faksimiliert.

«Der Ausblick» ist zu beziehen durch: H. G. Schlott, LKH-Schleswig-Station 5/2, 2380 Schleswig

Unbequeme
Nachrichten
Informationen aus Nervenheilanstalten, Heimen und anderen Abschiebe-Einrichtungen
Nr. 10 - Februar 1980

Die Verhältnisse sind krank, nicht die Menschen

n der Öffentlichkeit wird in der letzten Zeit viel geredet und geschrieben vom Skandal in der Psychiatrie. Aber immer erscheint „Skandal" als das Versagen von Ärzten oder Pflegern oder wird den Gebäuden oder der Ausstattung der Krankenhäuser angelastet. Bei einer Pressekonferenz des Landschaftsverbandes im Oktober des vergangenen Jahres meinte der oberste Chef der Psychiatrie im Rheinland, Professor Kulenkampff: „Wir sind in einem System drin gefangen, das sich eben trotz allem, was wir vorhaben, nicht einfach so von heut' auf morgen verändern läßt. Wenn Sie das können, dann bin ich Ihnen dankbar dafür, aber das können Sie nicht."

Kulenkampff selbst ist einst als Liberaler, als Reformer angetreten, erst als Klinikchef in Düsseldorf, jetzt als Direktor im Landschaftsverband, um das System von innen zu verändern. Er ist gescheitert und er weiß das. Aber er gibt es nicht zu, sondern greift statt dessen die an, die diesem System wirksame Alternativen abverlangen und entgegensetzen.

Die bürgerliche Presse hat die Stichworte der Pressekonferenz denn auch gern aufgegriffen: Der SSK verfolge mit seinem Kampf gegen die Psychiatrie eigentlich ganz andere, politische Ziele. Die Patienten seien ihm nur beliebige Werkzeuge und Opfer.

Der SSK hat Kulenkampff daraufhin einen ausführlichen Brief geschrieben, aber bis heute keine Antwort erhalten.

Altenstation im LKH Bonn

Sehr geehrter Herr Prof. Dr. Kulenkampff!

Zunächst räumen wir ein, daß Sie persönlich im Gegensatz zu anderen Repräsentanten des psychiatrischen Systems immer noch zu einem gewissen Maß von Aufrichtigkeit fähig sind, was uns nicht unbeeindruckt läßt. Seit es uns aber mit wachsendem Erfolg gelingt, das Unrecht-System der Psychiatrie wirkungsvoll anzugreifen, verlegen sich die angeschlagenen Verantwortlichen mehr und mehr auf eine heimtückische Art der Verteidigung.

Es ist die Methode, den Spieß einfach umzudrehen. Im selben Moment, in dem man Versagen, Mißstände und schwere Mängel eingestehen muß, zeigt man auf den Angreifer und ruft: „Seht her, dieser da ist noch schlechter als wir, der ist destruktiv, sein Ziel ist die Zerstörung, etwas Positives hat er nicht zu bieten".

In diesem Sinne verteidigen sich inzwischen alle Teile Ihres Apparats und am 30. 10. 79 haben auch Sie in dieser Weise reagiert:

„Wir sind in einem System drin, gefangen, das sich eben trotz allem, was wir vorhaben, nicht einfach so von heut' auf morgen verändern läßt. Das ist ein System, das aus dem 19. Jahrhundert stammt, nicht etwa von gestern ist. Und bitte machen Sie mir doch mal vor, wie Sie das eigentlich in 10 Jahren von Grund auf, und ich unterstelle Ihnen durchaus ideelle Absichten, verändern wollen. Wenn Sie das können, dann bin ich Ihnen dankbar dafür, aber das können Sie nicht."

Wir könnten es uns nun leicht machen und einfach darauf hinweisen, welch groteske Verdrehung der Verhältnisse in dieser Ihrer Gegenwehr enthalten ist. Denn es ist ja im Grunde genommen ein Armutszeugnis sondergleichen, wenn Sie von uns paar wenigen Menschen, die mit harter Arbeit ihr tägliches Brot verdienen müssen, eine Lösung der Aufgaben erwarten, für die der Landschaftsverband als Staatsorgan voll verantwortlich ist, ausgestattet mit ungeheuren Macht- und Finanz-Mitteln. Soweit sich in diesem Vorgehen der Versuch verbirgt, die Ihrer Behörde zukommende volle Verantwortung für das Schicksal der Ihnen anvertrauten Menschen abzustreifen, so kann er für denkende Menschen nur die innere Verwahrlosung des Beamtentums dokumentieren.

Das aber sei hier nur am Rande erwähnt. In der Sache ist es viel wichtiger, solche Äußerungen auf einer anderen Ebene zu diskutieren. Nämlich zwischen Menschen, deren Anliegen die grundsätzliche Veränderung des Behandlungs-Systems ist, die mitleiden am Los der LKH-Insassen, die bereit sind, für ein menschenwürdiges Schicksal dieser Menschen zu kämpfen – gegen alle Widerstände. Was wir im folgenden ausführen, richtet sich also an Sie als Person, nicht an den Apparat, in dem Sie eine verantwortliche Position bekleiden. Zwischen diesem Apparat und uns gibt es keinerlei Basis für eine Diskussion von Alternativen des SSK.

1. Gegen das System der Psychiatrie gibt es nur die Alternative und die heißt: Menschenrechte

Wenn Sie nun unterstellen, daß im SSK keine positiven Alternativen zum bestehenden Psychiatrie-System sichtbar seien, so geht das in einer Hinsicht an dem bestehenden Problem vorbei, in anderer Hinsicht ist es einfach falsch.

Unser Kampf gegen die Verhältnisse in den psychiatrischen Einrichtungen ist in erster Linie ein Kampf für die Grundrechte der betroffenen Menschen. Dabei geht es nicht um bessere oder schlechtere Heilmethoden, es geht nicht darum, die eine psychiatrische Lehrmeinung gegen die andere durchzusetzen, es geht nicht um Fachrichtungen, es geht überhaupt nicht um medizinische Probleme.

In dieser Hinsicht unterscheidet sich unser Kampf gegen die Unterdrückung des Menschen durch die Psychiatrie in keiner Weise von dem Kampf, den wir in anderen Bereichen führen. Es ist ein Kampf gegen politische Unterdrükkung, gegen ein System, das Menschenrechte außer Kraft setzt, das von der Fachrichtung der Medizin her aus dem 19. Jahrhundert stammt, das aber auch und vor allem das Menschenbild, die Ordnungs-Vorstellungen und die politische Unterdrückung des 19. Jahrhunderts im Geltungsbereich des Grundgesetzes bis heute fortsetzt.

Von daher gesehen ist ein Streit um unterschiedliche Behandlungs-Methoden müßig. *Kein* Behandlungs-System hat hier eine Existenz-Berechtigung, wenn es darauf beruht, daß die Menschenrechte der Patienten außer Kraft gesetzt werden. Die systematische Behandlung von Menschen, die man in Ihren Landeskrankenhäusern antrifft, ist von unserer Verfassung her tiefstes Unrecht. Um sie bekämpfen zu dürfen, ist es nicht erforderlich, eine Alternative aufzuzeigen. Es ist auch gar nicht möglich, innerhalb dieses Systems wirksame Verbesserungs- oder Reform-Vorschläge zu machen. Seine Abschaffung ist selbst ein positives Ziel. Insofern ist der Kampf gegen das herrschende Psychiatrie-System vergleichbar mit dem Widerstand gegen den Faschismus – bei aller Übertreibung, die in diesem Bild enthalten ist.

Das Recht, ein diktatorisches System zu beseitigen, steht einem jeden Menschen von Natur aus zu. Es gibt demgegenüber nur eine Alternative und die heißt: *Menschenrechte* – die steht im Grundgesetz.

Wenn dieses Ziel erreicht ist, die antidemokratische Grundlage der Behandlung psychisch kranker Menschen zu beseitigen, dann ist der Weg frei für neue Behandlungs-Methoden, die sich durchaus unterschiedlich entwickeln können – allerdings nur im Rahmen strikter Beachtung der Menschenrechte der Patienten.

KölnerVolksBlatt

Unbequeme Nachrichten

Informationen aus Nervenheilanstalten, Heimen und anderen Abschiebe-Einrichtungen

Nr.7 Juli 79

Aus der Folterkammer der Psychiatrie

Elektroschocks auch im LKH Bonn

Prof.Huhn

Wenn Patienten mit Psychopharmaka, der chemischen Zwangsjacke, nicht zu bändigen sind, greifen einige Ärzte zu brutalsten Behandlungsmethoden. ELEKTROSCHOCKS ! Einer von ihnen ist der angesehene Prof.Dr. Huhn, Leiter des LKH Bonn. Wie E-Schocks von Patienten empfunden werden, scheint den Ärzten anscheinend egal zu sein:

Eine 41jährige Frau:
"Das Erwachen ist furchtbar. Ich habe nicht mehr gewußt, wer ich bin. Das ist erst langsam gekommen: Ach du hast ja Kinder. Dann habe ich mich erst besinnen müssen, wo ich wohne. Dann ist es gekommen, daß ich ja Witwe bin. Dieses Ichbewustsein ist erst wieder gekommen. Das Erwachen ist wie aus dem Sterben raus. Man kann nicht schildern, wie furchtbar es ist, weil ich das eigene Ich nicht mehr gewußt habe.Das Erwachen ist fürchterlich, daß ich mich jedesmal so gefürchtet habe vor dem Schock."
Ein anderer Patient:
"So unheimlich ist mir das,als müßte ich auf den Tod warten, als käme ich auf den elektrischen Stuhl. Grauenhaft ist das, als wachte ich nicht mehr auf. Ich fürchte mich entsetzlich. Ich könnte eher Selbstmord begehen,als mich wieder schocken zu lassen."

Die Todesfurcht der Patienten ist nicht unbegründet. Schon mehrere Menschen sind während des Eschocks gestorben, viele haben sich nachher aus Verzweiflung das Leben genommen.

Wie im Schlachthaus

Die Elektroschocks wurden von einem brutalen und rücksichtslosen Arzt namens Cerletti 1938 eingeführt.
"Ich ging zum Schlachthaus, um mir das sogenannte elektrische Schlachten anzusehen , und ich beobachtete dabei, daß an den Schläfen der Schweine große Metallzangen befestigt und an einen Stromkreis angeschlossen wurden. Unmittelbar darauf fielen die Schweine bewustlos um, versteiften sich und wurden ebenso wie die Hunde in unseren Experimenten von Krämpfen geschüttelt.
.....Zu diesem Zeitpunkt hatte ich das Gefühl, daß wir das Experiment auch am Menschen wagen konnten."

Die E-Schockbehandlung konnte sich damals auch rasch im NAZI-Deutschland entwickeln, hatte man doch keine Skrupel, diese Methode an den "lebensunwerten Kranken" auszuführen. Wie wenig Schutz damals die Patienten fanden, wie hilflos sie den Psychiatern ausgeliefert waren, wird wenige Jahre später an der Ermordung von 2oo ooo Menschen aus den Irrenanstalten deutlich.

Nach der furchtbaren NAZI-Zeit haben sich die Psychiater nicht geändert: unbekümmert halten sie weiterhin an der barbarischen Schockbehandlung fest.

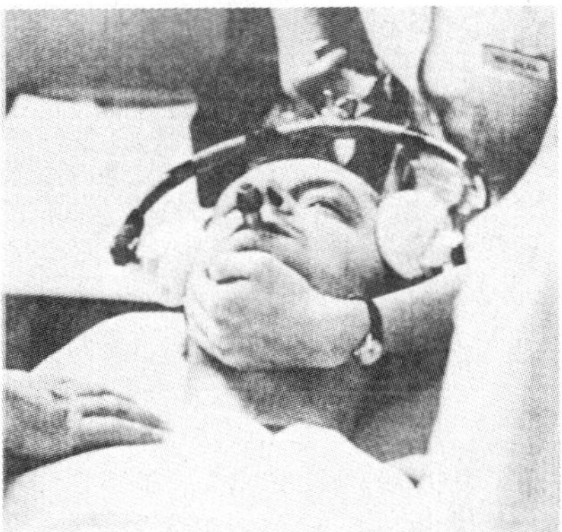

Elektroschock-Behandlung : Aufbäumen wie auf dem elektrischen Stuhl .

Wie im Schlachthof werden den Patienten Stromstöße durch den Kopf gejagt, indem an beide Schläfen Elektroden befestigt werden. Während des Stromstoßes bäumt sich der Patient hoch, wie auf einem elektrischen Stuhl, verliert die Besinnung, bricht sich auch mal die Knochen.
In letzter Zeit wurden daher die Patienten auch betäubt und gelähmt, um die Behandl ung zu verharmlosen.

Unheilbare Schäden

Jeder Schock tötet eine Menge von grauen Gehirnzellen! Er hat die Wirkung von winzig kleinen Schrotkugeln, die ins Gehirn geschossen werden. Daher kann schon ein einziger Schock dauernde und unheilbare Hirnschäden verursachen. Je öfter geschockt wird, um so größer ist die Gefahr, schwachsinnig zu werden.

Nach dem Schock hat man einen schweren Kopf wie nach einem Keulenschlag. Man fühlt sich " bematscht und zu ". Oft kommt es zu grausamen Gedächtnisausfällen, Vorstellungsarmut, Störung der Merkfähigkeit, der Aufmerksamkeit, der räumlichen und Zeitlichen Orientierung.
Heilend wirken soll der E-Schock angeblich bei Lebensmüden, jedoch gibt es genügend Beispiele, die belegen, daß auch nach E–Schocks die Selbstmordgefahr nicht beseitigt worden ist. So nahm sich Ernest Hemmingway nach der zweiten E-Schockserie das Leben.

Der Friede, der in die Anstalten mit der Einführung der E-Schocks zog, war der Friede von geistig Toten. Die Irrenhäuser wurden zu Friedhöfen. Ergebnis der E-Schockbehandlung war oft die Abtötung menschlicher Initiative und Regsamkeit.

Verfassungwidrige Behandlung

Für uns ist die E-Schockbehandlung verfassungswidrig, weil hier die Würde des Menschen und das Recht auf körperliche Unversehrtheit in gröbster Form verletzt wird.
Selbst wenn uns die Ärzte vorhalten, es würden Freiwilligkeitserklärungen der Betroffenen vorliegen, so sind sie in den seltesten Fällen rechtswirksam. Denn Schon 1954 stellte der LVR fest, daß eine rechtswirksame Zustimmung eines Patienten zu einer Elektroschockbehandlung nur dann als vorliegend erartet werden kann, wenn er sich über die möglichen Fogen der Behandlung im klaren ist.
Diese Klarheit ist durch entsprechende Aufklärung durch den Arzt zu erfolgen.
Würde ein Arzt die wirklichen Folgen seiner Schockbehandlung mitteilen, so wären nur die wenigsten bereit, sich einer freiwilligen Selbstverstümmelung auszusetzten. Wir gehen davon aus, daß die wirklichen Folgen den Patienten verheimlicht werden.

Die Angst, die Patienten vor den Schock haben, sind für manche Psychiater krankheitsbedingt. Für sie ist die Angst vor E-Schocks unbegründet.
Also Psychiater, wenn Ihr so von der heilenden Wirkung der E-Schocks und deren Harmlosigkeit überzeugt seid, dann jagt Euch doch gegenseitig die Stromstöße durch den Kopf – hoffentlich werdet Ihr dann die verheerenden Folgen dieser Folterbehandlung erkennen!

Das Heft:" Gegen die E-Schockbehandlung in der Psychiatrie" ist für 1 Mark erhältlich bei: Fachschaft Medizin Klinik, Robert Koch Str. 21,53 Bonn

Beschwerdestelle für Patienten

Köln (dpa) — Patienten der Rheinischen Landeskrankenhäuser können sich jetzt mit ihren Bitten und Beschwerden direkt an eine Beschwerdekommission wenden. Die vom Landschaftsverband Rheinland eingesetzte Kommission traf sich gestern in Köln zu ihrer ersten konstituierenden Sitzung.

Vorsicht

Diese Beschwerdestelle darf nicht mit unserem Beschwerdezentrum verwechselt werden.!
Die Leute, die sie tragen, arbeiten schon jahrelang innerhalb des Landschaftsverbandes und damit für den Hauptschuldigen der Mißstände in den LKHs.
Wie sollen sie dann noch in der Lage sein, Beschwerden der Betroffenen in den Landeskrankenhäusern unvoreingenommen zu Prüfen ?

Mitarbeiter ACHTUNG: Ab jetzt gilt das Strafrecht in der Psychiatrie!

Unbequeme Nachrichten

Sondernummer zum Stockhausen-Prozeß | Nr. 15 | Mai 1981

Stockhausen: Der erste verurteilte Chefpsychiater

Der deutsche Psychiater Stockhausen ist für einen Toten und mehrere Verletzte, die in seiner Klinik Brauweiler Patienten waren, verurteilt worden: 2 Jahre auf Bewährung!

Viele Patienten haben das Urteil mit Empörung zur Kenntnis genommen. Sie selbst sind von der Justiz in der Regel schon für Bagatelldelikte weit härter bedient worden. Auch die Urteilsbegründung des forschen Gerichtsvorsitzenden Faßbender konnte streckenweise nur mit verhaltener Wut ertragen werden. Etwa

- **wenn er in allen Farben Stockhausen, die „schwache Persönlichkeit", als verzweifelte tragische Figur stilisierte, so daß dieser Chefarzt geradezu als gequältes Psychiatrieopfer erschien;**
- **oder wenn er dessen Mitarbeiter als jämmerlichen Haufen von Versagern und Feiglingen hinstellte, die dem leitenden Stockhausen nicht „wachgerüttelt" hätten;**
- **oder wenn er den politischen Herren der Psychiatrie „eindeutige Mitschuld" zuwies, jedoch den Hauptverantwortlichen Landesdirektor Fischbach z.B. als ehrenwerten Zeugen lobte;**
- **oder wenn Stockhausens „seelische Krankheit" gedreht und gewendet wurde, bis sie als milde Gnadensonne über ihn schien. Für die Patienten, denen Stockhausen oder seine Gutachterkollegen im Hauruckverfahren seelische oder geistige Krankheiten attestierten, hatte das in der Regel ganz andere Folgen, z.B. 5, 10 oder 20 Jahre in der Hölle von Haus 5 in Düren.**

Dr. Stockhausen nach seinem Urteil. Eine Woche vorher las er sein Schlußwort vom Blatt ab: „ Es tut mir leid!"

Für die Patienten mußte das „Außergewöhnliche", was Faßbender bei diesem Angeklagten feststellte, unbegreiflich sein. Denn viele von ihnen haben auch bei diesem Psychiatriechef nie etwas von dessen „Kultur" bemerkt und schon gar nichts von seiner „sensiblen, schwachen Persönlichkeit" zu spüren bekommen. Im Gegenteil: Gegenüber ihren Leiden, Schicksalen und Nöten war dieser Psychiater genauso abweisend ungerührt und unsensibel wie ein Stein. Genauso selbstverständlich wie seine Kollegen hat er die täglichen Grausamkeiten eines LKH's hingenommen und ausgeübt. Er ließ seinen Stellvertreter und Arztkollegen unbeanstandete Menschen mit Medikamenten vollpumpen und vergiften. Es war doch das Pflegerrollkommando dieses sensiblen Bildungsbürgers, daß notfalls sich aufbäumende Patienten „mit der Faust" zur Ruhe schickte.

Im Keller seiner Anstalt wurde Kurt Konopka totgeprügelt. Der Pfleger hat dafür offenbar ohne Kulturrabatt immerhin 3 1/2 Jahre kassiert.

Ein weiteres Opfer von Stockhausen

Faßbenders Gemälde des in tragischen Verstrickungen geratenden Klinikbosses ist kein sauber gemaltes Bild. Immerhin hatte auch er in seinen Prozeßakten gelesen: „Stockhausen hatte im Januar 78 die Station F1 besucht, um eine Begehung durch eine Kommission vorzubereiten." Als er die schwer vergiftete Marion Masuhr (sie starb zwei Tage später an Vergiftung) im Bett angeschnallt vorfand, ordnete er der Krankenschwester an, sie möge die Fixierung lösen und dafür etwas mehr Medikamente geben, damit es einen besseren Eindruck mache. Sich um die leidende Patientin zu kümmern, kam ihm nicht in den Sinn. Die Staatsanwaltschaft stellte fest: Hier liegt ein Verschulden Stockhausens vor, er hätte ihren lebensbedrohenden Zustand erkennen müssen und sie hätte noch gerettet werden können. Die Ankalge auf fahrlässige Tötung wurde jedoch nicht erhoben, da angeblich im Fensterprozeß eine höhere Strafe erwartet wurde.

Trotz alledem wäre es blind, zu übersehen, was bereits dieser Prozeß und auch dieses Urteil für die Psychiatrieopfer im Lande gebracht hat. Nur wer das System der Psychiatrie nicht kennt, kann übersehen, daß es hier an die Grundfesten dieses Staates im Staate geht. Allein die Tatsache, daß für die bisher unangetastete Kaste der Psychiater zum erstenmal die Strafgesetze Anwendung finden, setzt einen Erdrutsch in Gang. Die jahrhundertelange Anstaltspsychiatrie kann nur bestehen, wenn sie von Verfassung und Strafgesetzen ausgenommen bleibt. Kranke, verzweifelte und notleidende Menschen abzutransportieren, auszusondern und hinter alten oder modernen Mauern einzusperren, macht zwangsläufig ein gewalttätiges Behandlungssystem erforderlich, aus dem gedemütigte, verkrüppelte und auch tote Menschen herauskommen. Deshalb laßt uns alle kämpfen, das all diese Psychiatriefolgen so behandelt werden, als hätte sie der „kleine Mann" dem anderen angetan.

Denn dann heißen Methoden nicht länger E-Schocks oder Medikamententherapie, sondern schwere Körperverletzung. Viele Gutachten müssen dann Verleumdungen oder üble Nachrede genannt werden. Dann besteht der Psychiatriealltag aus Freiheitsberaubung, Nötigung, Beleidigung, Volksverhetzung, Betrug, Unterschlagung... Wenn dann Faßbender und seine Kollegen den zahllosen Angeklagten einen Akademikerbonus nach dem anderen geben, so soll uns das dann nicht sonderlich aufregen. Nicht einmal dann, wenn die politisch Verantwortlichen ihn erhalten, die dann nicht mehr als Zentralverwaltung des LVR bezeichnet würden, sondern als kriminelle Vereinigung.

Wir befürchten nur,daß unsere Justiz einer solchen Monsteraufgabe nicht gewachsen wäre, selbst, wenn sie aus lauter schneidigen Faßbender bestände. Dann wäre es vielleicht unser Faßbender, den nachts in der Innenstadt eine Fußstreife erwischt, als er die bekannte Parole an die Wand sprüht: **DER LANDSCHAFTSVERBAND GEHÖRT ENDLICH ABGESCHAFFT!**

TÜRSPALT

Münchner Psychiatriezeitung

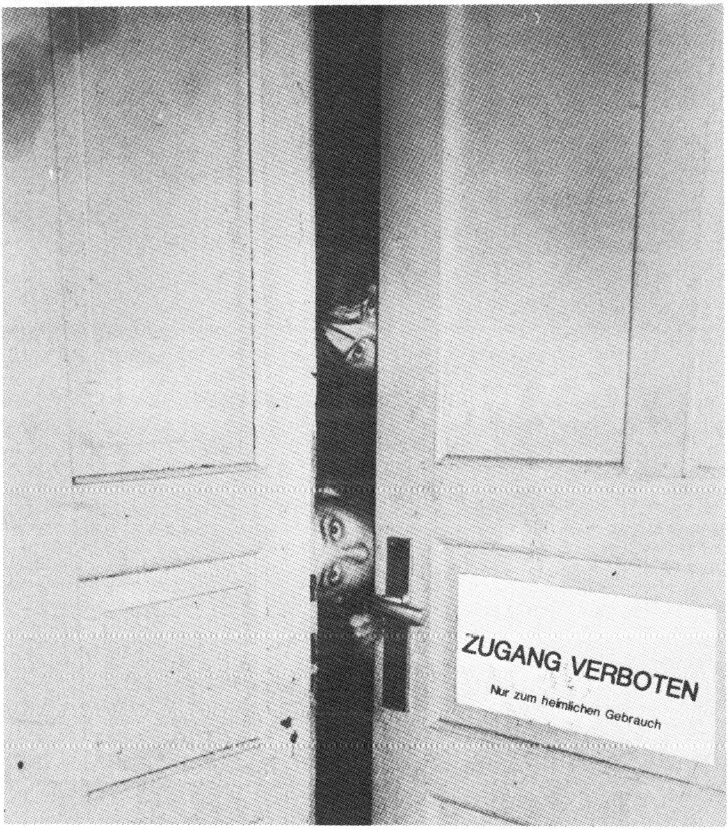

- Erklärung von Laienhelfern zum Landespsychiatrieplan
- Zur Selbstorganisation von psychisch Kranken

2/81

Einzelpreis 5.- DM

DER AUSBLICK

Unabhängige Zeitung entmündigter, aber nicht mundtoter Patienten Nr. 2 - Oktober 1980

Wir lassen uns unseren AUSBLICK nicht ver - weh- ren !

NACH ANFÄNGLICHER BEHINDERUNG (Siehe hierzu auch auf dieser Seite: "Welch ein Hick-Hack um unsere Stationszeitung") HATTE DIE ERSTE AUSGABE DURCHSCHLAGENDEN ERFOLG. SIE LÖSTE IN DER ANSTALT UND DRAUSSEN IN DER ÖFFENTLICHKEIT BETROFFENHEIT UND BEGEISTERUNG AUS. WIR WISSEN JETZT, DASS ES DRAUSSEN DOCH VIELE MENSCHEN GIBT, DIE AN UNS INTERESSIERT SIND UND DIE UNSEREN "AUSBLICK" WEITERHIN LESEN WOLLEN. DAS MACHT UNS MUT BEI UNSEREM BEMÜHEN, VIELE KONTAKTE NACH DRAUSSEN ZU KNÜPFEN UND WEITER ZU KÄMPFEN. VIELE VON UNS WOLLEN NICHT MEHR NUR IHR SCHICKSAL WIDERSTANDSLOS HINNEHMEN. WÄHREND DIESE ZWEITE AUSGABE WEGEN DES GROSSEN BEDARFS IN DER JETZT AUF 3000 EXEMPLARE ERHÖHTEN AUFLAGE ERSCHEINT, "PRÜFT" MAN IM SOZIALMINISTERIUM IN KIEL SEIT ÜBER SECHS WOCHEN, OB WOHL "DER AUSBLICK" VON ENTMÜNDIGTEN WEITERHIN HERGESTELLT WERDEN DARF. GELESEN WERDEN DARF ER IMMERHIN.

CHEFREDAKTEUR SCHLOTT BLICKT AUS

Welch ein Hick-Hack um unsere Stationszeitung!

Mit welchen Schwierigkeiten wir zu kämpfen haben, nachdem die erste Ausgabe der Zeitung erschienen war, läßt sich kaum beschreiben. Diese Schwierigkeiten wurden uns nicht von der Öffentlichkeit sondern im hiesigen LKH bereitet. Sogar auf der Station 5/2 war unsere Zeitung nicht allen nach der Mütze.

Zwei Tage nach Fertigstellung der Zeitung gaben wir etwa 40 Exemplare in unverschlossenem Umschlag bei der Pforte zur Verteilung ab. Jede Station des Hauses sowie alle Werkstätten sollten selbstverständlich von uns eine Zeitung bekommen. Zu unserem Erstaunen erhielten wir zwei Tage später alle Exemplare zurück. In einem Begleitschreiben des ärztlichen Direktors hieß es unter Anderem:
"In dieser Neuveröffentlichung sind Tatsachen enthalten, die dem Arztgeheimnis unterliegen. Deshalb muß zunächst einmal geprüft werden, ob die öffentliche Verbreitung dieser Schrift zugelassen werden kann."
Und an anderer Stelle:
"Von weiteren Veröffentlichungen bitte ich bis zu einer Klärung abzusehen."
Uns war damit praktisch verboten, die Zeitung zu verbreiten. Wir taten es trotzdem! Von 2000 Exemplaren schickten wir etwa 1600 an die Öffentlichkeit. Die Resonanz war überwältigend! Zahlreiche Leserbriefe gingen bei uns ein. (Siehe hierzu "Leserbriefe" auf Seite 2-3) Der NDR berichtete im zweiten Programm am 17.9.80 in der Sendung "Die Umschau am Abend" über unsere Stationszeitung und am nächsten Tag konnte man den Bericht in der Sendung "Von Binnenland und Woterkant" noch einmal hören. In diesem Bericht, den wir auf Band aufnahmen, wurden einige Artikel verlesen sowie die Meinung des leitenden Arztes, Herrn Dr. R. genannt. Unter Anderem hieß es:
"Dr. R. begrüßt das Erscheinen der Zeitung, deren therapeutischer Wert nicht hoch genug eingeschätzt werden könne." Dr. R. meinte weiterhin zu den Vorwürfen, die in der Zeitung gegen die Klinik erhoben wurden, die Patienten würden subjektiv überzeichnen.
Dazu ist unsererseits zu sagen, daß die Vorwürfe äußerst milde ausgedrückt waren und zwar schon deshalb, weil die Patienten sich verständlicherweise nicht trauen, die volle Wahrheit über die wirklichen Zustände in der Klinik zu sagen.
An anderer Stelle sprach Dr. R. gegenüber dem NDR vom "offenen Charakter der Station". Davon haben wir Patienten der Station 5/2 bisher noch nichts gemerkt. Man müßte sagen, die Tür wird "aufgeschlossen", aber das nur wenn Besucher oder Ausgänger das Haus betreten bzw. verlassen. Vom Haus der offenen Tür sind wir noch weit entfernt.
Der Autor der NDR-Sendung fuhr an anderer Stelle fort:
"Wenngleich die LKH-Ärzte und auch das Kieler Sozialministerium die Zeitung als wertvoll beurteilen, ist deren Weitererscheinen mit Problemen behaftet. Im Ministerium wird z. Zt. von Juristen geprüft, ob die entmündigten Redakteure (Anmerkung der Redaktion: Nicht alle sind entmündigt) überhaupt journalistisch nach außen wirken dürfen, ob also die Pressefreiheit auch für denjenigen gilt, dem der größte Teil der Bürgerrechte per Gerichtsbeschluß aberkannt ist."
Zum Schluß noch eine Bemerkung:
Warum sollten entmündigte Patienten sich mit ihren Sorgen nicht an die Öffentlichkeit wenden? Auf diese Frage hat wahrscheinlich auch der spitzfindigste Jurist im Sozialministerium keine passende Antwort. Jedenfalls wohl nicht vor der Wahl am 5.10.80, an der ja bekanntlich entmündigte Bürger immer noch nicht teilnehmen dürfen. Dabei kam mir der Wahlkampf diesmal so vor, als sei er speziell für unmündige gemacht worden.

Hans-Günther Schlott

Riensauerei auf Seite 12

Impressum : S. 2

KONTO: Siehe Impressum

DER AUSBLICK finanziert sich aus Spenden. Diese Ausgabe kostet uns 800 DM

DER AUSBLICK

Unabhängige Zeitung entmündigter, aber nicht mundtoter Patienten Nr.3 Dezember 1980

"Droht" jetzt einigen die Wiederbe - mündigung ?

11 Patienten von 5/2 - Über 12o Jahre LKH

Sozialministerium führt Ermittlungen

VOR EIN PAAR WOCHEN MUSSTEN DIE GRÜNDE, DIE ZU DEN ENTMÜNDIGUNGEN DER PATIENTEN FÜHRTEN, AUS DEN KRANKENGESCHICHTEN HERAUSGESUCHT WERDEN UND AN DAS SOZIALMINISTERIUM NACH KIEL GESCHICKT WERDEN. BISHER IST - SOWEIT UNS BEKANNT IST - VON DORT KEINE STELLUNGNAHME GEKOMMEN. IN EINEM FALL WURDE SOGAR EIN WIEDERBEMÜNDIGUNGSVERFAHREN EINGELEITET. UND DIES, OBWOHL DER BETREFFENDE WEITERHIN DEN FREUDEN DES ALKOHOLGENUSSES FRÖNT UND SONST NORMALERWEISE WIEDERBEMÜNDIGUNGEN ERST NACH ZWEIJÄHRIGER "BEWÄHRUNG" NACH DER ENTLASSUNG BEANTRAGT WERDEN. UND JETZT WURDE AUF EINMAL EIN WIEDERBEMÜNDIGUNGSVERFAHREN BEI UNSEREM CHEFREDAKTEUR EINGELEITET, OBWOHL ER NOCH HIER DRIN IST UND EINE ENTLASSUNG GAR NICHT GEPLANT IST BISHER. ES ERSCHEINT UNS EINIGERMASSEN MERKWÜRDIG, DASS NACH ERSCHEINEN UNSERER ZEITUNG DAS SOZIALMINISTERIUM IN KIEL PLÖTZLICH REAGIERT. ES IST WOHL SO, DASS BEHÖRDEN, IN DIESEM FALL DAS SOZIALMINISTERIUM, AUF DIE FÜSSE GETRETEN WERDEN MÜSSEN, UM SICH DADURCH AN IHRE VERANTWORTUNG, DIE SIE FÜR UNS HABEN, ZU ERINNERN.

DIE ANSTALT MAL ANDERSRUM

WIR STELLTEN DIE FRAGEN - DIE VERANTWORTLICHEN STANDEN UNS REDE UND ANTWORT !

Nachdem in den ersten beiden Ausgaben des "Ausblick" fast ausschließlich Patienten zu Wort kamen, soll nun die "andere Seite" Gelegenheit bekommen, ihre Meinung über die Situation der Station 5/2 und auch über den "Ausblick" kundzutun. Wir jedenfalls fanden diese Interviews bestimmt ebenso interessant wie mancher Leser unsere Interviews mit Mitpatienten von 5/2 in den beiden ersten Ausgaben. Sie sind nicht weniger originell.

Die Redaktion führte mehrere Telefongespräche von außerhalb mit Personen aus dem LKH, die unsere Situation eigentlich kennen müßten.
Beim ersten Anruf erlebten wir gleich eine kleine Pleite - nicht unsere - wie wir meinen. So äußerte sich Herr Büchsenschmidt, der Leiter des Pflegedienstes bei den Männern, zu den Fragen grundsätzlich nicht und meinte:
"Ja, wenn Sie was von mir wissen wollen, dann kommen Sie doch in mein Büro."
Red.: "Herr B., wir sind auswärts und schreiben Ihre Antworten mit."
B.: Nee. Sie sind doch hier auf der Station 5/2, und wenn Sie was wissen wollen, dann kommen Sie man lieber zu mir."

Auf wiederholtes Fragen meinte Herr B.: "Nee, per Telefon tu' ich sowas nicht. Kommen Sie man in mein Büro, wenn Sie wieder auf der Station sind."

Schließlich fragte der Pflegevorsteher, ob der Anrufer "sich selbstständig gemacht" habe, obwohl er genau weiß, daß dieses grundsätzlich für den Fragesteller abwegig ist.

Wir versuchten unser Glück bei Herrn Dr. Rothenberger, dem abteilungsleitenden Arzt der "Männerseite". Es meldete sich Frau Süße aus dem Sekretäriat. Und dieses kurze Gespräch war wirklich süß.
Red.: "Können Sie mir bitte sagen, wo Herr Dr. Rothenberger z.Zt. ist?"
Frau S.: "Nee, das kann ich nicht. Ich war eben in seinem Zimmer und da ist er nicht drin."
Red.: "Wo ist der Mann denn blos?"
Frau S.: "Ach, der wird hier irgendwo sein, vielleicht in der Verwaltung."

Die Redaktion versprach Frau Süße ein paar Exemplare der Stationszeitung, und die Dame fand das "ganz toll". Wir haben die süße Frau Süße ganz vergessen bei der Herausgabe, aber sie wird ihre Exemplare noch bekommen.

Ein Anruf beim stellvertretenden Direktor der An-

Forts. S. 4

Impressum:
AUFLAGE: 3.000
CHEFREDAKTEUR: H.-G. Schlott
VERANTW. REDAKTEURE: H. D. Behning, A. M. Domeyer, H. W. Losse. TEL.: o4621/83452
ANSCHRIFT: LKH-Stadtfeld, Station 5/2, 238 Schleswig
KONTO: Stadtsparkasse, 238 Schleswig, Inhaber: H-G. Schlott, Stichwort: "Der Ausblick" Nr. 3 170 233

DER AUSBLICK

Unabhängige Zeitung entmündigter, aber nicht mundtoter Patienten — Nr. 4 - Mai 1981

PATIENTENZEITUNG BALD BUNDESWEIT!

Helft alle mit bei der 5. Ausgabe des »AUSBLICK«!

CHEFREDAKTEUR SCHLOTT BEI DER ARBEIT   Foto: Jacobi/Stern

INSASSEN AUS ALLEN ANSTALTEN DER BUNDESREPUBLIK SETZEN DIE INITIATIVE FORT, DIE AUF DER STATION 5/2 IN SCHLESWIG BEGANN

DAS SOZIALMINISTERIUM IN KIEL UND DIE ANSTALTSLEITUNG IN SCHLESWIG WOLLTEN DEN "AUSBLICK" UNTER DEM VORWAND DES LANDESPRESSEGESETZES UND IM RAHMEN DER "AUFSICHTSPFLICHT" ZU FALL BRINGEN. ALS BUNDESWEITE INITIATIVE DER ANSTALTSINSASSEN ALLER PSYCHIATRISCHER ANSTALTEN WERDEN WIR NUN DARAUFHIN AUSBLICKE RISKIEREN. ALLE FREUNDE, DRINNEN WIE DRAUSSEN, ALT UND JUNG, ENTMÜNDIGT ODER NICHT, GESTÖRT ODER BEHINDERT, KURZ ALLE, DIE NICHT LÄNGER MUNDTOT BLEIBEN WOLLEN, SIND HIERMIT AUFGERUFEN, SICH AM "AUSBLICK" ZU BETEILIGEN. WIE? MIT ARTIKELN, FOTOS (MÖGLICHST SCHWARZ-WEISS), INTERVIEWS, REPORTAGEN, ZEICHNUNGEN U.A., IN DENEN DIE LEBENSSITUATIONEN VON UNS, UNSERE WÜNSCHE UND SORGEN, UNSERE FREUDEN UND LEIDEN GESCHILDERT WERDEN. BESONDERS FÜR DIE VIELEN CHRONISCH EINGESPERRTEN UNTER UNS GILT: LASSEN WIR UNS NICHT ENTMUTIGEN! DIE MENSCHEN DRAUSSEN SIND GAR NICHT SO DESINTERESSIERT AN UNSEREM SCHICKSAL, WIE WIR OFT MEINEN. WIR HIER AUF 5/2 HABEN DAS AN DEN LESERBRIEFEN, BESUCHEN UND ANDEREN REAKTIONEN NACH UNSEREN ERSTEN DREI AUSGABEN DES "AUSBLICK" DEUTLICH ERFAHREN. SCHICKT EURE BEITRÄGE, WENN MÖGLICH MIT NAMEN UND FOTO VON EUCH FÜR DIE VERÖFFENTLICHUNG, AN HANS-GÜNTHER SCHLOTT, STATION 5/2 IM LKH IN 238o SCHLESWIG. HELFT ALLE BEI DEM "AUSBLICK" NR. 5!

Was schon in der ersten Ausgabe des "Ausblick" unser Anliegen war, unsere Sorgen und Probleme der breiten Öffentlichkeit vor Augen zu führen, Kontakte wieder bzw. neu aufzunehmen, die seit Jahren abgerissen waren, wurde in der zweiten Ausgabe weitergeführt, nach der dritten vorübergehend und zwangsläufig unterbrochen und soll in Zukunft in Form einer ersten bundesweiten Patientenzeitung fortgesetzt werden.
Das Echo in der Öffentlichkeit hat gezeigt, daß auch umgekehrt das Interesse besteht, mit uns Kontakt aufzunehmen. Die Bevölkerung draußen ist gar nicht so voreingenommen uns gegenüber, wie uns die Fachleute immer glauben machen wollen. Die Verantwortlichen, die uns so gerne unter ihren Fittichen behalten und auf uns brüten in der Hoffnung, daß aus dieser Brut endlich etwas "Vernünftiges" rauskommt, möchten uns zu gern vorschreiben, was wir denken, sagen und schreiben sollen, damit die Hackordnung in der "Anstaltsfarm" auch ja ungestört bleibt. Nach der dritten Ausgabe, die keineswegs so provozierend war, zeigten uns die Verantwortlichen der Anstalt ihr wahres Profil. In einem Schreiben wurden wir ersucht, "die strafbare Handlung zu unterlassen". Das Verbot wurde damit begründet, daß nach dem Schleswig-Holsteinischen Pressegesetz Entmündigte nicht verantwortlich im Impressum zeichnen können. Uns wurde Geldstrafe oder eine Freiheitsstrafe bis zu einem Jahr angedroht, falls wir es wagen würden, eine neue Ausgabe herauszugeben. Obwohl der Chefredakteur der Zeitung entmündigt ist, erklärte man ihm, daß er in diesem Fall für strafmündig gehalten würde und somit strafrechtlich zur Verantwortung gezogen würde.

Forts. S. 2

Impressum:
AUFLAGE: 3 000
CHEFREDAKTEUR: H.-G. Schlott
VERANTW. RED.: W. Schulz,
MÜNDIG VERANTW.: H.-W. Losse
ANSCHRIFT: Station 5/2, LKH-Stadtfeld, 238 Schleswig
TEL.: o4621/83452
KONTO: Stadtsp.kasse. 238 Schleswig, Inh. H.-G. Schlott
Nr.: 3 179 223 "Der Ausblick"

Quellenverzeichnis

P. R. Breggin, Elektroschock ist keine Therapie. Urban und Schwarzenberg, 1980

K. Dörner, Bürger und Irre. Fischer TB, 1975

K. Dörner, Diagnosen der Psychiatrie. Campus, 1975

K. Dörner/U. Plog, Irren ist menschlich. Psychiatrie Verlag, 1980

Dokumentationsband «Medizin und Nationalsozialismus», Verlagsgesellschaft mbH, 1980

A. Finzen, Hrsg., Hospitalisierungsschäden in psychiatrischen Krankenhäusern. Piper, 1974

M. Foucault, Wahnsinn und Gesellschaft. Suhrkamp-Verlag, 1973

H. J. Gamm, Einführung in das Studium der Erziehungswissenschaft. List-Verlag, 1974

G. Jervis, Kritisches Handbuch der Psychiatrie. Syndikat-Verlag, 1980

R. D. Laing, Knoten. Rowohlt-Verlag, 1980

D. L. Rosenhan, On Being Sane in Insane Places. Science 179, 1973, S. 250–258

Watzlawick/Beavin/Jackson, Menschliche Kommunikation. Huber-Verlag, 1972

Adressenliste

Die unten aufgeführten Anschriften sollen Lesern unseres Buches die Möglichkeit bieten, sich weiterführende Informationen über die verschiedenen Bereiche der Psychiatrie zu verschaffen. Über die angegebenen Adressen können allerdings keine Beratungsstellen oder andere psychiatrische Einrichtungen vermittelt werden. Unsere ursprüngliche Absicht, eine ausführliche Adressenliste von Einrichtungen der psychiatrischen oder/und psychosozialen Versorgung zu veröffentlichen, haben wir aufgegeben, weil wir uns nicht in der Lage sahen, angesichts der Vielzahl der in Frage kommenden Stellen, zu übersehen, ob es sich in jedem Fall um Einrichtungen handelt, deren oberstes Ziel das Wohl der betroffenen Menschen ist.

Deutsche Gesellschaft für soziale Psychiatrie

Bundesvorstand
Geschäftsstelle der DGSP:
3050 Wunstorf 1
Postfach 1253
Tel. 05031/4978
Geschäftsführender Vorstand:
Inge Jöhrens, Psychologin
Dr. Niels Pörksen, Psychiater
Klaus Pramann, Arzt
Hilde Schädle-Deininger, Krankenschwester
Helga Schmidt, Sozialarbeiterin
Sprecher des Vorstandes: Dr. Niels Pörksen
Geschäftsführer:
Dr. Detlef Klotz
Presse- und Öffentlichkeitsarbeit:
Helmuth W. Matzner

Erweiterter Vorstand:
Thomas Bock, Psychologe
Jörg Demand, Psychiater
Dr. Charlotte Köttgen, Fachärztin für Neurologie und Psychiatrie
Wolfgang Münster, Krankenpfleger
Rainer Nathow, Psychologe
Veronika Ossiander-Crefeld, Beschäftigungstherapeutin
Arnd Schwendy, Journalist
Dr. Stephan Wolff, Psychologe und Soziologe
Prof. Dr. Manfred Zaumseil, Arzt und Hochschullehrer
Antje Zech, Sekretärin

Konten:
Postscheckkonto Hannover 267711–302
(BLZ 250 100 30)
Stadtsparkasse Wunstorf 103 903
(BLZ 251 524 90)

Kontaktadressen der Landesverbände:

Baden-Württemberg:
BWGSP, Frau Ursula Simpfendörfer
Zum Spargelland 17, 6920 Sinsheim-Dühren
Telefon (07261) 12699 (p)
Bayern:
BayGSP
Tegernseer Landstr. 75, 8000 München 90
Telefon (089) 6922131
Berlin:
BGSP, Hans Wenzl
Seehofstr. 121, 1000 Berlin 37
Telefon (030) 7982751/10 (d)
Bremen:
GSPB, Gunter Herzog
Sielwall 51, 2800 Bremen 1
Telefon (0421) 76314

Hamburg:
HGSP, Psychiatrische Klinik
Martinistraße 52, 2000 Hamburg 20
Telefon (040) 4683220 (d)
Hessen:
HeGSP, Dr. Franz Plaum
Licher Str. 106, Haus 1, 6300 Gießen
Telefon (0641) 403257 (d)
Niedersachsen:
GSPN, Günter Rieche
NLKH, Am Gänsewinkel 1, 3308 Königslutter
Telefon (05353) 1059 (d)
Rheinland:
RGSP, Klaus Nouvertné
Neuenkamper Straße 150, 5650 Solingen
Telefon (02122) 813479
Rheinland-Pfalz:
DGSP, Landesverband Rheinland-Pfalz
Christoph Lukas, Familienberatungsstelle
Postfach 146, 5510 Saarburg 1
Telefon (06581) 2097 (d)
Saarland:
SGSP, Dr. Kurt Mutter
Rittenhofener Str. 2, 6625 Köllerbach
Telefon (06806) 45485
Schleswig-Holstein:
SHGSP, Peter Wulf
«Brücke», Alfstraße 32, 2400 Lübeck
Telefon (0451) 75353 (d)
Westfalen:
WGSP, Dr. Wolf D. Müller
Fritz-Blank-Str. 75, 4830 Gütersloh
Telefon (05241) 5021 (d)

(Stand Sommer 1981)

975/4

975/4a

949/5

935/4

862/6

rororo aktuell

Herausgegeben von Freimut Duve

Soziale Konflikte

Aich, Prodosh (Hg.)
Da weitere Verwahrlosung droht...
Fürsorgeerziehung und Verwaltung.
Zehn Sozialbiographien aus Behördenakten (1707)
Wie demokratisch ist Kommunalpolitik?
Gemeindeverwaltung zwischen Bürgerinteressen und Mauschelei. Sozialgeschichte aus vertraulichen Kommunalakten (4124)

Autorengruppe Ausländerforschung
Ausländische Jugendliche zwischen Ghetto und Knast
(4737 – in Vorbereitung)

Buch, Andrea u. a.
An den Rand gedrängt
Was Behinderte daran hindert, normal zu leben (4642)

Galtung, Johan
Strukturelle Gewalt
Beiträge zur Friedens- und Konfliktforschung (1877)

Glaser, Hermann (Hg.)
Die Nürnberger Massenverhaftung. Dokumente und Analysen
(4854)

Kleinert, Ulfrid
Gewaltfrei widerstehen
Brokdorf – Protokolle gegen Schlagstöcke und Steine (4851)

Matakas, Frank
Sprünge in der Seele
Psychische Erkrankungen und was man dagegen tun kann (4831)

Mosler, Peter
Was wir wollten, was wir wurden
Studentenrevolte – zehn Jahre danach (4119)

Wahl, Klaus/Tüllmann, Greta/Honig, Michael Sebastian/Gravenhorst, Lerke
Familien sind anders!
Wie sie sich selbst sehen (4636)

Politiker zur Zeitgeschichte

Brandt, Hugo (Hg.)
Hoffen, zweifeln, abstimmen
Seit 1969 im Bundestag.
14 SPD-Abgeordnete berichten
(4644)

Eppler, Erhard
Das Schwerste ist Glaubwürdigkeit
Gespräche über ein Politikerleben mit Freimut Duve (4355)

166/72 b